超级面试官赋能手册

郭 力 黄加有◎著

中国铁道出版社有限公司
CHINA RAILWAY PUBLISHING HOUSE CO., LTD.

图书在版编目(CIP)数据

超级面试官赋能手册/郭力,黄加有著.—北京:中国铁道
出版社有限公司,2024.1
ISBN 978-7-113-30590-1

Ⅰ.①超… Ⅱ.①郭… ②黄… Ⅲ.①企业管理-招聘-手册
Ⅳ.①F272.92-62

中国国家版本馆 CIP 数据核字(2023)第 187073 号

书　　名：**超级面试官赋能手册**
CHAOJI MIANSHIGUAN FUNENG SHOUCE
作　　者：郭　力　黄加有

责任编辑：王　宏　编辑部电话：(010)51873038　电子邮箱：17037112@qq.com
封面设计：仙　境
责任校对：苗　丹
责任印制：赵星辰

出版发行：中国铁道出版社有限公司(100054,北京市西城区右安门西街 8 号)
印　　刷：天津嘉恒印务有限公司
版　　次：2024 年 1 月第 1 版　2024 年 1 月第 1 次印刷
开　　本：880 mm×1 230 mm 1/32　印张：7　字数：144 千
书　　号：ISBN 978-7-113-30590-1
定　　价：59.80 元

杰克·韦尔奇曾经说过:"当我是一名年轻的经理时,我选对人的概率大约是50%,30年后,也仅仅提高到了80%。"在招聘识人这件事上,即使是被誉为"最受尊敬的CEO"的杰克·韦尔奇也感觉困难,虽然阅历、经验的增长提供了一些帮助,但要想100%选对人也是不可能的。然而,识人、选人又是招聘的核心环节,甚至是企业整个人才管理体系中非常重要的一环,如果这一环没有做好,选错了人,企业可能需要付出更大的成本来弥补失误,因此面试官逐渐成为企业中必不可少的重要角色。

然而,面试官的工作却越来越难做,尤其是在信息时代,候选人不仅可以从各种信息渠道提前对企业进行背景调查,还会对企业的用人需求、面试题型等方面进行预判,真正做到"有备而来"。在这种情况下,面试官要想通过传统的面试方式对候选人进行识别、考察、筛选,将会越来越难。候选人对面试问题的回答是其真实想法吗?候选人的工作能力和其在面试过程中的表现是一致的吗？候选人的价值观和企业文化一致吗？候选人适合这项工作吗？……面试官与候选人在面试中的博弈越来越复杂，选对人也成为越来越困难的事。

不仅如此，面试官在识人、选人的同时，还要承担企业"代言人"的角色，在言行之中向候选人传达企业形象、企业文化等信息，但又不能过分夸大。华为在招聘原则中就强调"双向选择"，要求面试官不能为吸引应聘者而刻意美化、夸大企业，不能使应聘者因为这些过度宣扬而满怀期待地入职企业，之后却发现事实上企业存在一些自己无法接受的问题，并没有像自己一开始设想的那样好，从而产生失落、失望的感觉，影响工作积极性。因此，华为要求面试官在面试的过程中始终坚持"双向选择"的原则，实事求是地相互了解、客观介绍。

那么，到底该如何正确认知面试工作及面试官的职责呢？资深面试官如何帮助企业建立客观的、可实施的面试标准及专业的面试工具呢？面试官在面试之前又该做哪些准备呢？在首轮面试、二轮面试、终轮面试中，企业应该由哪些人担任面试官，又该对候选人进行哪些方面的考察呢？在面试之后的录用与入职环节中，面试官又需要做哪些工作呢？这些问题都可以在书中找到答案。作者基于自己多年的面试经验，以及对面试理论、工具的深入研究，结合实战案例，历经两年创作、打磨，终成此书。

如果说招聘是企业人才的入口，面试官则是这个入口处的审核员，面试官的态度、技能水平决定了企业将会引入怎样的人才。在企业常见的"终轮面试"中，哪些人适合做面试官？应该采取怎样的面试策略？这些问题也将对招聘结果产生重要影响。

　　本书不仅对面试官的必备素养、使用工具进行了介绍，还对面试从准备到新员工录用，以及入职的整个面试流程提供了可实践的指导，尤其是对"终轮面试"的面试官定位和面试技巧进行了重点阐述。

　　全书紧扣招聘流程中的面试进行深度阐述，内容极具实践指导意义，图文并茂，可读性强，是企业各部门直线业务经理、人力资源部招聘经理，以及创业企业老板的案前实用招聘指导书。

目 录

第一章　精准定位：面试与面试官

第二章 建立标准:面试官必备工具

第三章　面试准备:简历筛选与面试预约

第四章　首轮面试：快速识人的面试技巧

第五章　二轮面试：深度知人的面试技巧

第六章　终轮面试:有效用人的面试技巧

第七章 完美收尾：新员工的录用与入职

第一章　精准定位：面试与面试官

提升面试成功率是面试官的职责，更是面试官的追求。面试官要想提升面试成功率，首先要做的是精准定位面试与面试官，正确、全面地认识面试与面试官。

场 景 演 练

A公司原是行业领先的高科技公司，最近两年却日渐衰落，最终于12个月前被B集团收购。被收购后，A公司被要求快速实施变革，聚焦业务模块，以实现盈利，但实际情况是A公司并没能达成目标，而且一些骨干员工陆续离开公司，员工士气低落。

尽管A公司拥有一支行业经验丰富的管理团队，但并没有进行有效整合，导致大家各自为政，员工的敬业度很低。母公司B集团派来了新的首席执行官（CEO）。新上任的CEO希望推动公司持续发展。

你在此时被人事总监招进A公司担当招聘经理一职，负责协助人事总监展开公司的招聘业务。

入职的第一天，人事总监带你和公司各位总监见了面。你可以看出公司现在的人才缺口不小，因此各位总监似乎都对你有不小的期待。由于之前招聘主要由人事总监负责，所以你需要和人事总监进行交接，尽快上手新公司的业务。在交接的过程中，你向人事总监了解了公司的胜任力模型，从而了解各个部门对于人才的需求定位。

一、重新认识面试

不少面试官抱怨说,自己常常为一场面试花费很多心血和精力,但是收获甚微,究其原因主要是面试官对面试的认识不全面。所以面试官要想提升面试效率,首先应当重新认识面试。

面试不等于招聘

面试官对面试认识不全面的体现之一是将"面试"与"招聘"画等号,实际上面试不等于招聘,面试只是招聘中的一个环节,且是比较重要的一个环节。

(1)什么是面试

面试不是单方面的,而是一个双方彼此考察和认识的过程。但是不少面试官认为面试是单方面的,认为自己是用人方,求职者是求着自己来的,处于被选择的状态,于是就摆出高高在上的姿态,与候选人保持一种敌对状态,这种认识显然是不对的。

在实际的工作或者面试中,我们会发现很多"90后",尤其"00后"的候选人,他们更加向往自由,自主意识比较强,所以在面试的时候他们并不认为自己是处于被动的位置,而是将自己与面试官放在平等的位置上,即"面试官在考察我、选择我,同时我也在考察面试官、公司,考虑是否要选择这家公司"。所以,面试官在面试的时候一定要摆正自己的位置,要将双方摆在平等的位置上,与候选人进行平等的沟通,双方相互考察,相互认识。面试官不仅应要求面试者介绍自己、展示自己,同时也要向候选人及候选人背后的整个社会展示自己公司的文化、形象等内容。

(2)面试的主要目的

谈到面试的目的,不少面试官认为这个问题很简单,面试的目的就是选拔合适的人才。选拔合适的人才是面试的最终目的,但并不是面试的唯一目的。一般来说,面试的主要目的有 3 种,如图 1-1 所示。

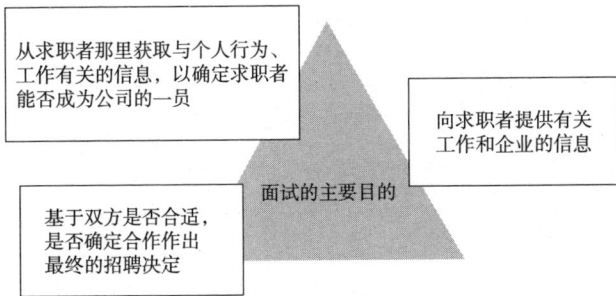

图 1-1　面试目的

所以作为一个面试官,在面试的时候一定要明确面试目的不是单一的,面试官在考评候选人是否适合公司的同时,也可以向候选人传递关于公司的信息,宣传公司文化。

(3)面试的重要性

国外某人力资源管理协会曾做过一项关于人力成本方面的研究,具体内容见表 1-1。

表 1-1　各项人力成本费用及占比

费用项目	占工资的百分比/%	费用/美元
新员工不足而导致的费用（12 个月）	46	23 000
同事帮助新员工的费用（12 个月）	33	16 500
因人员离职导致生产力下降的费用（一个半月）	6	3 000
因某事或某员工离职而分散注意力导致的费用	2	1 000
职位空缺或找人临时替补的费用（13 周）	50	25 000
办理离职手续及人力资源部招聘新员工的费用	3	1 500
招聘费用（广告费、代理费等）和人力资源部审查费用	10	5 000
寻找新的合适员工的费用（49 小时）	8	4 000
重新安置该员工的费用	0	0
总费用		79 000
总费用相当于平均年工资的倍数	1.58	

注：本表是根据国外某人力资源管理协会的研究成果编制而成的,实际的费用数是以每位不需调动岗位的人员 5 万美元/年的工资水平计算的。

　　因为本节讨论的内容是面试的重要性,所以我们重点看一下"寻找新的合适员工的费用"。寻找新的合适员工通常要花费大概 49 个小时,如果按照每天 8 个小时的工作时间来计算,那么寻找新的合适员工需要花费的时间为 6 天左右。而现实中,面试官不可能每天 8 小时都在单独做一个岗位的招聘,因此一个岗位招聘的实际招聘周期往往长达数周甚至数月。寻找新人花费的费用占工资的百分比是 8%,费用约为 4 000 美元。

以上所有费用加起来是 79 000 美元,总费用相当于平均年工资的 1.58 倍,也就是说,从一个员工离职到招聘新的员工入职所花费的成本是在职员工平均年工资的 1.58 倍,这其实就是一笔不小的费用。

以上是国外某人力资源管理协会做的一项研究及研究成果,实际上国内也有公司做过类似的评估,统计的结果跟上面的结果差不多。

从国内外人力资源部研究得出的数据可以看出,员工不稳定将会给企业增加很高的成本,尤其是招聘成本,所以公司应尽量维持员工的稳定性,避免他们离职,这就要从源头把好关,即面试的时候要选对人。面试的时候选对人,从某种程度上能够确保人才的稳定性,从而减少人员流失成本和招聘成本。

除了降本外,成功的面试还可以帮助企业增效。因为一个员工在一家企业工作的时间越久,他对这个行业、领域、自己的工作岗位越熟悉,员工的工作效率也会越来越高。概括来说,成功的面试能够起到降本增效的作用,换句话说,一个好的面试官能够为公司带来降本增效的人才。

综上,面试官在面试前一定要对面试环节进行精准定位,掌握面试的概念、目的,认识面试的重要性,在此基础上才可能顺利地开展面试,把握好面试的方向。

你不知道的"招聘漏斗"

招聘漏斗是对招聘各个阶段的细分,即从职位需求分析开始到录用通知书(offer)谈判结束。两者之间的阶段有时会因招聘流程或招聘模型不同而异,但招聘漏斗通常都包含七个主要阶段,如图 1-2 所示。

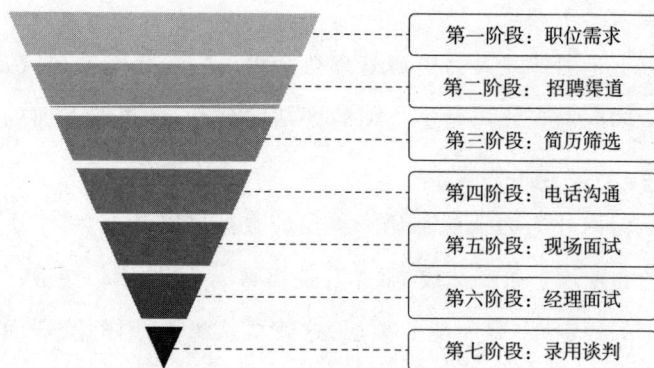

第一阶段:职位需求
第二阶段:招聘渠道
第三阶段:简历筛选
第四阶段:电话沟通
第五阶段:现场面试
第六阶段:经理面试
第七阶段:录用谈判

图 1-2　招聘漏斗

第一个阶段:职位需求

招聘的第一个阶段是明确职位的需求,即要明确我们到底要招聘什么样的人才,需要人才具备哪些能力、必备条件和愿望性条件等。

第二个阶段:招聘渠道

招聘渠道是指在哪里可以招聘到符合我们需求的人才。我们需要拓展招聘渠道,并将自己的招聘需求广而告之,从而获取应聘者的关注,以收集大量相应的简历。

第三个阶段:简历筛选

收集大量的简历后,我们要对这些简历进行筛选。筛选简历要根据我们在第一个阶段确定的职位需求的相关标准筛选,如首先要看看求职者是否具备该职位所需的一些必要条件,然后看看候选人是否具备该职位所需的一些愿望性条件,最后再根据实际情况进行评估、筛选。

筛选简历首先要求应聘者必须满足必要条件,然后再看愿望性条件,这样才能筛选出合适的简历。

第四个阶段:电话沟通

简历筛选结束后,我们可以与应聘者进行电话沟通。有些公司可能会做一个完整的电话面试,也有些公司只是通过电话预约面试,具体通过电话沟通做什么可根据各个公司的实际情况而定。

第五个阶段:现场面试

通常,如果电话沟通比较顺利,我们会约求职者到现场进行初步面试。初步面试一般是由人力资源部门负责。

第六个阶段:经理面试

初步面试结束后,通常还会由直线经理或直线经理的上一级或更高级别领导进行第二轮面试。有些公司还会有第三轮面试、第四轮面试,具体面试流程视公司具体情况而定。

第七个阶段:录用谈判

所有面试结束后,最后就要进入谈判阶段,这个过程通常包括谈判薪酬、决定是否录用、发放录取通知书等。

以上七个阶段是相对比较完整的一个招聘流程,但是这个流程不是固定的,公司在实际招聘的过程中可以根据自身情况优化、调整招聘流程,确保可以选拔出适合岗位的优秀人才。

现在开始进行专业的面试

在前面的内容中我们提到面试是招聘中的一个环节，两者不是独立的，只有明确这一点，面试官才能进行专业的面试，也就是说，一定要明确面试在招聘流程当中的定位。面试在招聘流程中的定位如图 1-3 所示。

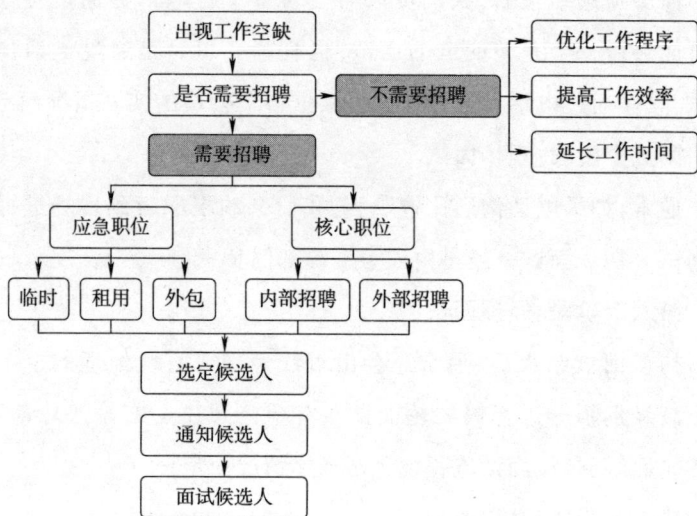

```
出现工作空缺
    │
    ▼
是否需要招聘 ──────▶ 不需要招聘 ──────▶ 优化工作程序
    │                              ──────▶ 提高工作效率
    ▼                              ──────▶ 延长工作时间
需要招聘
    │
    ┌──────────────┴──────────────┐
    ▼                              ▼
应急职位                        核心职位
    │                              │
┌───┼───┐                    ┌─────┴─────┐
▼   ▼   ▼                    ▼           ▼
临时 租用 外包              内部招聘    外部招聘
            │
            ▼
        选定候选人
            │
            ▼
        通知候选人
            │
            ▼
        面试候选人
```

图 1-3　面试在招聘流程中的定位

当业务部门或者其他部门出现工作职位空缺的时候，我们就要开始评估是否需要进行招聘，这个时候就会出现两种情形。

（1）第一种情形：不需要招聘

有时候出现职位空缺并不意味着一定再需要一个人手，言外之意是即便缺少人手工作还是可以继续，那么这个时候我们就不

8

需要招聘新员工。但并不是说我们什么都不用做，因为出现职位空缺说明工作流程和内容有变动，什么都不做将会影响工作效率和效果，这个时候我们可以通过优化工作程序、提高工作效率或者适当延长工作时间来完成工作任务。

（2）第二种情形：需要招聘

如果职位出现空缺后，工作任务无法推进，那么我们就需要招聘新员工，这种情形下的招聘通常分为两大类：一类是应急职位，另一类是核心职位。职位不同，招聘渠道和方式也不同。

应急职位通常是由于该职位的员工出现突发情况或一些其他情况导致该职位空缺，是急需有人顶岗的职位，例如员工生病、员工休产假等情况。遇到这种情况我们可以通过聘用临时工，从其他公司租用员工或者通过人力资源外包公司提供外包服务临时聘用外包人员等方式进行招聘，这样既可以节省招聘成本，新员工又不占用公司内部的编制。

核心岗位的人才是公司的关键人才，该岗位一旦空缺就会影响公司的正常运行，因此我们需要通过正式渠道招聘新员工。通常，核心人才可以通过内部和外部两个渠道进行招聘。内部招聘是指从公司内部选拔合适的人才填补空缺岗位；外部招聘是指通过网络招聘、社会招聘、校园招聘等方式从公司外部选拔合适的人才填补空缺岗位。

无论是应急职位还是核心职位，通过相应的渠道吸引应聘者，收到简历后，我们都要进行下面三个步骤：

步骤一,筛选简历,选定候选人。

步骤二,通知候选人面试。

步骤三,对候选人进行现场面试。

在招聘的整个环节中,面试占据了核心位置,是决定性环节。面试工作的成败将决定面试之前的招聘工作是否徒劳无功,公司能否招聘到合适的人才。所以作为面试官,一定不要将面试作为一个单独的事情来看,要明确面试在招聘流程中的核心位置,并从现在开始展开专业面试,提升招聘效果。

二、面试官的自我修养

面试是一个双向选择的过程,面试官在评估候选人的同时,候选人也在评估公司。在这种情况下,面试官的自我修养往往代表着公司形象,候选人往往会通过与面试官的一言一行来判断该公司的公司文化和整体水平,并会依据这些作出去留的决策。可见,面试官的自我修养在面试中的重要性。

面试官的素质修养

素质修养是面试官自我修养中基本的修养,面试官应当具备哪些素质修养呢?

(1)面试官的素质模型

面试官的素质模型是指面试官为完成面试工作、达到面试目标所应具备的多种素质要素组合,具体模型如图 1-4 所示。

较强的亲和力

有效的沟通和表达技巧

熟悉公司文化和业务

良好的判断能力

图 1-4　面试官的素质模型

①较强的亲和力

面试官绝不会将自己摆在高高在上的位置,以高姿态架势与候选人沟通,而是以平等的姿态、柔和的语言与候选人沟通,迅速拉近与候选人之间的距离,让候选人可以轻松地进入面试中,真诚地表达自己,这就是我们所说的亲和力。面试官的亲和力主要表现在肢体语言上,如微笑、点头、眼神交流等。

②有效的沟通和表达技巧

面试的整个过程其实就是沟通和表达的过程,面试官的沟通、表达能力越强,越能促进双方之间的信息传递。双方获取的信息越多,面试成功的概率越大。

③熟悉公司文化和业务

面试官是公司文化和业务相关信息的传递者,候选人会通过提问向面试官了解这些信息。从某种程度上说,面试官能否熟练地回答候选人提出的有关公司文化和业务相关的信息,也会影响候选人的去留。因此,面试官一定是十分熟悉公司文化和业务的人,包括公司文化、业务情况、人员情况、用人理念、工作理念、应聘岗位的职责、素质要求等，可以对候选人提出的相关问题应答如流，这样一方面可以让候选人全面、深入了解公司文化和业务，另一方面可以展示面试官的专业能力，进一步激发候选人加入公司的意愿。

④良好的判断能力

面试官不仅是信息的传递者和接收者，还是信息的判断者，要对从候选人那里获得的信息进行判断，从而作出正确的选用决策。

面试官的判断力主要包括对某些事情真实性的判断与逻辑分析。真实性判断是指通过与候选人的沟通判断其提供的信息是否真实，例如候选人在简历中写到专业能力强，但是通过提问发现候选人对一些专业术语不是很了解，那么"专业能力强"这条信息就不真实。逻辑分析是指通过提问了解候选人的潜能，例如提问了解候选人对未来的规划，发现候选人是一个做事很有计划性，对自己职业生涯发展方向十分明确的人，那么可以判断候选人的计划能力和自我管理能力较强，适合从事计划岗。

总结来说，良好的判断力是面试官必备的素质之一，更是核心素质，决定了面试官能否成为面试官。

（2）面试官应具备的基本素质修养

了解面试官的基本素质模型后，我们再来看看作为一名面试官具体应具备哪些基本素质修养，具体内容见表1-2。

表 1-2　面试官应具备的基本素质修养

基本素质修养	具体要求
尊重他人	能够平等对待候选人，积极倾听
良好形象	自身的职业形象与公司形象匹配
自信心	特别是面试一些资深人士时应做到不卑不亢
感染力	激发候选人对岗位、公司的兴趣
影响力	给予候选人正面积极的影响，使候选人更乐于表达和展示真实自我
营销能力	能够在完成面试的同时营销公司的文化理念、价值观

①尊重他人

尊重候选人，是面试官最基本的职业素质修养。具体来说，面试官在面试的时候要遵循平等原则，不论求职者的身份、能力高低、学历高低等，都应尊重每一位候选人，在候选人表达自己的想法或回答问题时认真倾听。

②良好形象

面试官的职业形象在一定程度上代表了公司的形象，是公司对外展示文化的窗口，是候选人对公司的第一印象。因此，面试官一定要注重自身的职业形象修养，要做到自身形象与公司形象相匹配。关于面试官的职业形象修养，本节第二点会具体阐述。

③自信心

面试官是否自信，从某种程度上可以反映其专业能力和素质。如果面试官不够自信，在面试中表现得十分拘束，眼神闪躲，回答支支吾吾，没有逻辑性，那么候选人会认为面试官不够专业，从而很可能会怀疑这家公司的实力。所以，自信心也是面试官必备的素质修养，尤其是面对一些资深人士时，更应当做到不卑不亢，要能够自信地展示自己的专业能力和素质,征服对方。

④**感染力**

感染力是指能够使人产生相同思想情感的力量。面试官的感染力越强,越能够激发候选人对岗位、公司的兴趣。所以,面试官应当具备一定的感染力,通过语言、行为等方式感染候选人,例如积极倾听并回答候选人提出的问题,表达的时候有自信、激情,说话的时候面带微笑注视候选人,把话说完整、讲明白等。

⑤**影响力**

影响力是指面试官可以通过自己的语言、行为给予候选人正面积极的影响,使候选人更乐于表达和展示真实的自我。通常,在面试过程中,面试官只要通过展示自己的专业能力和素质就可以给予求职者正面积极的影响。所以,面试官要具备一定的影响力,要不断提升、加强自身专业能力和素质。

⑥**营销能力**

面试官在面试的过程中不仅要扮演"伯乐"的角色,还担任着"营销人员"的责任,起着宣传公司的文化理念、价值观的作用。所以,从这个角度看,面试官需要具备一定的营销能力,要能够在面试过程中积极对外宣传公司的文化理念和价值观。

素质修养是自我修养的根本,其他的修养都建立在素质修养的基础上。所以,面试官在谈论自我修养时首先要关注自我的素质修养,然后再不断提升其他方面的修养。

面试官的形象修养

面试官的形象代表公司形象,主要包括着装、眼神、肢体语言、举止,那么面试官具体应当具备哪些形象修养呢?

(1)恰当的服装、发饰、饰品

男性面试官与女性面试官的服装、发型、饰品有所不同,所以下面将分别阐述男性面试官与女性面试官如何选择恰当的服装、发型、饰品,具体内容见表1-3。

表1-3 不同性别的面试官在服饰方面的要求不同

项 目	男性面试官要求	女性面试官要求
服 装	着装符合身份,有档次 三位一色原则,即皮带、皮鞋、公文包颜色一致(推荐黑色)	服装六不准原则:不杂乱无章、不过分鲜艳、不过分暴露、不过分透视、不过分短小、不过分紧身 同色套装为主 浅色丝袜
发 型	前不遮眉、侧不掩耳、后不及领 头发不可染成五颜六色,最好是黑色,且不要做太夸张的造型	刘海不宜过长,不能挡住眼睛 头发造型、颜色(黑色为宜)不可太夸张 头上不能有太多饰品
饰 品	佩戴饰品以少为佳,男士可佩戴手表	佩戴饰品以少为佳,女性可佩戴胸针、项链、耳环,但款式不宜太夸张,且应以同色系为主

(2)基本的肢体礼仪

除了服装、发型、饰品这些清晰可见的外在形象,面试官还要注意一些基本礼仪,这也是外在形象的体现,具体内容见表1-4。

表 1-4　面试官应具备的基本肢体礼仪

项　目	礼仪要求
眼　神	注视对方,有目光交流,但不能一直盯着对方的眼睛,避免给对方造成紧张感和压迫感 注视的时候应当将目光局限于上至对方的额头,下至对方衣服的第二颗纽扣(大致相当于胸部以上的部位),左右以两肩为准的方框里
肢体语言	尽量使用开放式肢体语言,如微笑、身子微微向前倾,聆听候选人说话
举　止	举止端庄,例如坐的时候要端正,一般以坐满椅子的前三分之二为宜,不要紧贴椅子的后背,坐下后身子应微微向前倾

　　面试官除了要明确自身应当具备哪些基本的形象修养外,还要注意形象的"禁区",避免触及禁区,影响个人形象。

　　面试官的形象"禁区"主要有以下四点:

①着装随意

　　面试官不能仅凭个人喜好,想穿什么就穿什么,一切服装、服饰都要以符合公司形象为主。

②戴墨镜或者没有眼神交流

　　戴墨镜或没有眼神交流是对候选人最大的不尊重,候选人很有可能因为这样的行为而放弃这家公司。

③封闭式语言

　　例如双臂抱在胸前、跷二郎腿等,这些肢体语言会让候选人有距离感,感到没有被尊重,或者认为面试官不友好,不利于双方之间的沟通,从而会影响面试效果。

④小动作太多

例如抖腿、转笔等,这些同样是不尊重候选人的表现,是必须禁止的行为。

"好看的皮囊千篇一律,有趣的灵魂万里挑一。"虽说如此,但是皮囊的外在形象更容易被人看见并留下印象,有趣的灵魂要经过长时间的验证。所以,作为面试官尤其是参与初试的面试官一定要注重自己的形象修养,为候选人留下良好的印象。

面试官的行为修养

面试官的一言一行都能体现其自身的修养,那么作为面试官应当具备哪些行为修养呢?

面试官的行为修养主要包括两个方面的内容:基本的待人接物修养和职业人士的沟通表达修养。基本的待人接物修养是指面试官在与候选人接触、交流的过程中要有礼貌,遵守基本的礼仪;职业人士的沟通表达修养是指在沟通过程中面试官要尊重候选人,要体现自己的专业性。具体来说,面试官应具备的行为修养见表 1-5。

表 1-5　面试官应具备的行为修养

行为修养	要　　求
基本的待人接物修养	微笑与候选人握手寒暄 为候选人递上茶水 双手递上名片 …………

行为修养	要　　求
职业人士的沟通表达修养	认真倾听对方的表达，不打断对方说话 对候选人的表达表示认可和赞许，如点头或者说"是的，我十分赞同您的说法" …………

面试官的行为修养远不止以上几点，这就要求面试官在实际的工作中不断关注自身的行为对候选人产生的影响，并不断地寻找合适的方法提升自身的行为修养。同时，面试官要注意规避行为修养的一些"禁区"。

面试官行为修养的"禁区"主要有以下四点：

①拒绝平等沟通

面试官认为自己是面试的主导者，候选人去留的决策权在自己手里，于是摆出高高在上的姿态，拒绝与候选人平等沟通。但实际上我们知道，面试是一个双向选择的过程，候选人也在选择公司，而拒绝平等沟通就等于拒绝了候选人，很大程度上候选人会因此拒绝加入公司。

②无故打断候选人表达

沟通中最忌讳的事情就是无故被打断，如果在沟通过程中，面试官无故打断候选人，那么很容易让候选人认为面试官不尊重自己，从而不愿意真实地表达自己。此外，无故打断候选人还会干扰候选人的思绪，导致其信息描述不完善或者不准确，从而会影响面试官对候选人的评估。所以无论从哪个层面看,面试官无故打断候选人表达的这种行为都不可取。

③不断否定和指责候选人

候选人表达的想法和观点不一定是对的,面试官可以不认同对方,但是一定不要不断地否定和指责候选人,这样做只会打击候选人,让候选人产生自我怀疑,最终放弃面试。通常,遇到与候选人想法和观点不同的情况时,面试官应表示理解,并与候选人一起探讨,从探讨的过程中可以了解候选人的思维方式及相关能力,为评估候选人的能力提供更多的参考依据。

④口若悬河,喋喋不休

不少面试官存在这样一个认知误区,认为自己是面试的主角,自己是专业人士,于是在面试中急于表现自己,谈到专业话题时总是口若悬河,喋喋不休。虽然鼓励面试官展示专业能力,吸引候选人,但是过于展现自己容易"喧宾夺主",让候选人不愿意表现自己,候选人甚至会因为面试官过于张扬而不愿意加入这家公司。

面试官的行为修养不是一朝一夕的事情,要想提升行为修养,面试官就要在日常工作中关注自己的一言一行并严格要求自己。

面试官的语言修养

面试离不开沟通、交流,沟通、交流又离不开语言,所以面试官必须具备语言修养,那么,面试官应具备哪些语言修养呢?具体内容见表1-6。

表1-6　面试官应具备的语言修养

项　　目	说　　明
精准提问	提问的时候应尽量以开放式提问为主,尽量挖掘更多面试官要了解的信息,例如"您如何规划自己的职业生涯"
语气平和	面试官要用平和的语气与候选人沟通,不对候选人的回答作任何评价
积极鼓励	积极鼓励候选人真实地表达自己,以获取更多的信息

总结来说,面试官要会问、会说、会鼓励,同时面试官要注意语言修养的"禁区"。

面试官语言修养的"禁区"主要有以下几点:

①大量封闭式问题

封闭式问题容易限制候选人的思维,且有刻意引导候选人朝某个方向回答问题的嫌疑,不利于了解更多真实的信息。

②尖酸刻薄,羞辱攻击

这一点是语言修养的大忌。面试官在面试过程中一旦出现此类行为,一定会被候选人拉入"黑名单",甚至会告知身边的好友或者网友不要加入这家公司,这样公司不仅可能损失一名优秀的人才,还可能损坏公司名誉,因此"尖酸刻薄,羞辱攻击"是面试官一定不能触及的"禁区"。

③不认可候选人,否定而非引导询问

面试官可以认为候选人不合适,不予以录用,但是一定不要在语言上对候选人表示不认可,否定对方的想法和观点。例如,"您这种想法未免有点天方夜谭,见识太浅薄了",这种表达不仅会给候选人带来很大的打击,还会影响候选人对这家公司的印象。实际上,面试官完全可以采取引导询问表示自己不是十分认可候选人的想法,如"如果我们换个角度想是不是更好,比如……",这种表达候选人更容易接受,且会让候选人感到面试官的专业性和亲和力,很可能会提升其求职意愿。

面试过程是用语言沟通、交流的过程,所以可以说,语言是面试的核心"武器",面试官应当用好这个"武器",挖掘更多的信息,为选拔合适的候选人提供更多、更真实的依据。

三、启动面试官的工作

在对面试有更加全面的认识和具备面试官自我修养的基础上,面试官便可以启动面试工作。

面试官不等于只面试

一个成熟的面试官必须明确自己不仅仅是一个帮公司、业务部门选拔人才的人,同时还是向整个社会,向未来的候选人群体展示我们的公司文化、公司理念的人。

> 某面试官在招聘中直接强调公司要执行"007（从零点到零点，一周七天不休息）"的工作制，告知应聘者可以选择住在办公室，办公室有床。

这种面试宣传就会给公司造成负面影响，影响公司形象，甚至会直接影响招聘效果，这种结果主要是因为面试官将自己的身份定位于只是面试的人而造成的。

在前面的内容中我们提到，面试是一个双向选择的过程，面试官在选择候选人的同时，候选人也在选择公司。为了实现共赢，面试官就不能只将自己的身份定位为"只面试"的人，而应当将自己当成公司的宣传者，要积极、充分向候选人展示公司的形象、文化、招聘岗位特质等，这样即便最终双方没有达成合作，候选人也会充当一个宣传者，形成"口碑效应"，向社会上的其他人传播我们公司的相关信息，这不仅有利于我们后期的招聘工作，还能提升公司的知名度。

所以，面试官的身份不是单一的，工作任务不是只面试，其身份应当是双重的，甚至是多重的，如公司形象"代言人"、公司宣传者等。

专业面试官与业务面试官的区别

根据面试官的性质可以将面试官分为两大类，专业面试官和业务面试官。那么，什么是专业面试官？什么是业务面试官？两者之间的区别又是什么呢？

（1）专业面试官和业务面试官的概念

专业面试官一般是人力资源部门的专业人员，业务面试官一般是业务部门人员，包括直线经理和业务部门的其他专业人士（语言类专业人士、财务类专业人士、技术类专业人士等）。

（2）专业面试官与业务面试官的区别

专业面试官与业务面试官的主要区别如图1-5所示。

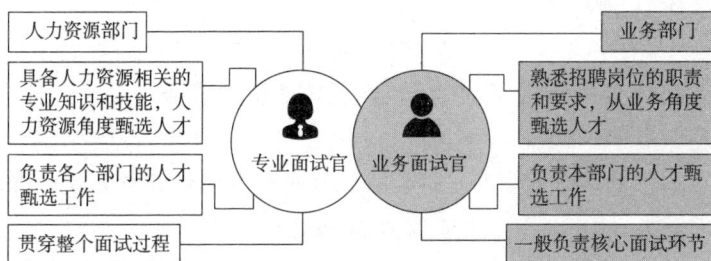

图 1-5　专业面试官与业务面试官的主要区别

概括来说，专业面试官与业务面试官的主要区别在"专业"和"业务"这两个词上。

从面试的角度讲，专业面试官更具专业性。专业面试官是人力资源部门的专业人员，他们具备人力资源相关的专业知识和技能，能够从人力资源的角度帮助各个部门甄选符合岗位需求和企业发展的优秀人才。在整个面试过程中，始终能看到专业面试官的身影，他们的职责是为面试做好层层把关工作。

相对而言，业务面试官的专业能力没有专业面试官强，但是他比专业面试官更清楚招聘岗位需要什么样的人才。所以，业务面试官在面试过程中的核心作用是与专业面试官配合，从业务角度帮助业务部门甄选合适的人才。一般来说,如果面试环节分为好几轮,那么业务面试官通常只参加核心的环节,如第二轮面试或终轮面试,其他工作通常由专业面试官完成。

专业面试官与业务面试官没有谁强谁弱之分,只是身份、职责不同的面试官,两者在面试过程中需要积极配合,才能选拔出适合的人才,换句话说,专业面试官和业务面试官在面试中起着同样重要的作用。

如何分配专业面试官与业务面试官的职责

上一节我们了解了专业面试官与业务面试官的概念和两者的不同之处,那么接下来我们还要清楚定位两者的职责分配。在面试中,专业面试官与业务面试官应当明确地分配职责,如图 1-6 所示。

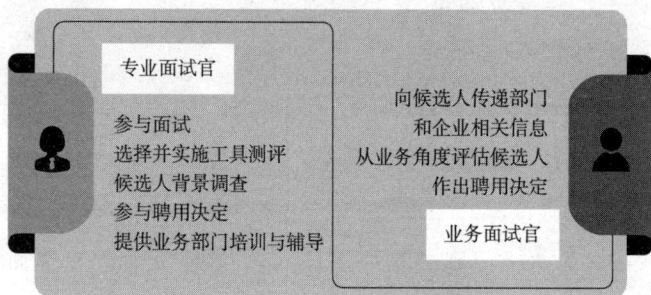

图 1-6　专业面试官与业务面试官的职责分配

(1)专业面试官的职责

正常情况下,专业面试官会参与整个面试环节,包括电话面试、面对面初试、第二轮面试、终轮面试……直到最终的聘用决策环节。在整个面试过程中,专业面试官主要凭借自己的专业知识和能力,根据公司战略、业务发展需求及人才市场供给状况等为公司甄选合适的人才。

专业面试官在面试过程中的职责有以下几点:

①参与面试

作为专业面试官,前期就要通过电话预约面试,或者通过电话进行简单的初步面试,初步判断应聘者是否符合该职位的招聘需求;然后还要参与接下来的正式面试。

②选择并实施工具测评

在正式面试的时候,专业面试官应选择一些比较合适的工具来帮助自己对候选人进行测评,看看哪些人适合该职位,主要包括个人能力测评、公司文化测评等。例如,可以根据招聘岗位需求进行一次考试。这些工具都需要专业面试官提前准备好。

③候选人背景调查

面试完毕并对候选人有录用意向的时候,专业面试官还要进行候选人背景调查,确认候选人的背景是否与他在面试过程当中的相应表述是一致的。

④参与聘用决定

专业面试官要与业务面试官进行配合,参与聘用决定。要注意的是,聘用的主要决定权在业务面试官手里,专业面试官更多的职责是参与,从人力资源的角度给予业务面试官一些建议。

⑤提供业务部门培训与辅导

最后,专业面试官要对业务面试官提供培训与辅导,帮助他们提升面试技巧,以使他们能够在面试中更加有针对性地提出问题,评估候选人的能力,选拔合适的人才。

(2)业务面试官的责任

不少业务部门的经理存在这样一个错误的认知,就是"招聘是人力资源部门的事情,跟我们业务部门没有任何关系,我只需要告诉人力资源部门我需要招聘什么样的人才,你帮我招聘就可以"。如果业务经理这么想,那么你会发现业务部很难找到合适的人才。究其原因是招聘的人才是业务部门在用,人力资源部门只能从一个比较宽泛的、人事的角度、软技能层面去评估人才,并不能确保该人才一定符合业务部门的需求。那么业务部门在用人的时候可能会出现这样的情况:招聘的人才各项软技能都很合格,但是业务部门需要的一些专业技能却并不具备,这很可能就是一个浪费成本的无效招聘。

为了避免以上情况发生,业务部门经理一定要提升自己的认知,要知道招聘不只是人力资源部门的事情,更是自己的事情。因此,业务经理一定要积极地参与到招聘的核心环节——面试工作中,担任好业务面试官的职务,认真履行业务面试官的职责。

业务面试官在面试过程中的职责有以下几点：

①向候选人传递部门和企业相关信息

业务面试官要参与面试，并且要在面试的过程中向候选人传递部门和企业相关信息，这个信息不仅包括业务部门需要招聘什么样的员工，还包括企业文化、团队理念等。

②从业务角度评估候选人

在面试的过程中，业务面试官应从业务角度评估候选人的能力，主要包括招聘岗位的职责要求、技能要求、知识要求等。

③作出聘用决定

因为招聘需求是业务部门提出的，所以业务面试官在面试的最终环节要作出聘用决定，这个责任不能推到专业面试官身上，但是业务面试官可以与专业面试官一起商讨，听听专业面试官从人事角度的分析，然后再结合自己从业务角度的分析作出最终的聘用决定。

虽然专业面试官与业务面试官在面试中履行的职责不同，但两者的最终目标是一致的——为业务部门选拔合适的人才。因此，无论我们在面试中的身份是专业面试官还是业务面试官，都要积极与对方配合，携手做好面试工作。

第二章　建立标准：面试官必备工具

"工欲善其事,必先利其器",面试官要想将面试工作做好,一定要准备好面试的必备工具。

场景演练

研发总监在你入职之前就提出了三个工程师岗位的需求。人事总监在交接的时候告诉你,这个岗位所需人才在市场上非常稀缺,传统渠道很难找到合适的,而且由于公司并购中的变革问题,财务总监不允许人事使用猎头招聘,所以这个需求已经拖了两个多月没有解决。目前 A 公司的最新产品正在研发的攻坚阶段,这个岗位非常紧迫。

市场总监告诉你,由于市场旺季的到来,最近北方工厂的订单需求突然暴增,目前一线操作工人明显人手不足,这些操作工作难度不大,稍加培训员工就能上手,但是对劳动密集程度要求较高。由于当地比较偏僻,工人招聘难度非常大,希望你能想想办法。他还透露说,这次订单的暴增可能会一直持续三个月,直到暑假结束。

副总助理的招聘信息通过渠道发布出去不久,你就收到了大量的简历。你需要查看简历并从中筛选你认为适合进入下一阶段面试安排的简历。

由于接收的招聘需求过多,所以你打算将所有招聘任务梳理一下,方便安排接下来的工作。

一、建立胜任力模型

胜任力模型是指担任某一特定职位所必须具备的胜任力的总和。面试中运用胜任力模型，有利于提高聘用决策的准确性。为此，企业应当建立胜任力模型。

胜任力模型的底层理论

在建立胜任力模型之前我们必须清楚一个问题：候选人通常具备哪些能力？如何才能找到这个问题的答案呢？冰山模型和乔哈里窗模型可以帮助我们找到答案。所以从某个程度上说，胜任力模型的底层理论是冰山模型和乔哈里窗模型。

冰山模型是著名心理学家麦克利兰于1973年正式提出的，是指将人员个体素质的不同表现划分为表面的"冰山以上部分"和深藏的"冰山以下部分"。一般情况下，我们能看到的只是浮在海平面以上的很少的一部分——知识和技能，更大的一部分藏在海平面以下，包括人的自我意识、个性、动机等，具体如图2-1所示。

藏在海平面以下是最深不可见的部分，甚至有一部分候选人都不知道自己具备这些能力，他可能觉得这是司空见惯的事情，只是一个日常行为而已，不知道这些也是自身的能力。所以，面试官需要在有限的时间里通过有效沟通，在知识、技能这两个层面以外探索候选人的深不可见的能力。通常，深不可见的能力往往更能体现候选人在工作中的动力、态度、参与度以及投入度，是岗位所

知识	在一个特定领域所获取的信息
技能	将事情做好所表现出来的行为
自我意识	价值观、假设/心智模式、认知、态度、自我形象
个性	一个人的认知、情感、意识和行为上表现出来的心理特征，包括气质、智商(IQ)、情商(EQ)和逆境商数(AQ)等
动机	驱动行为的深层次需要

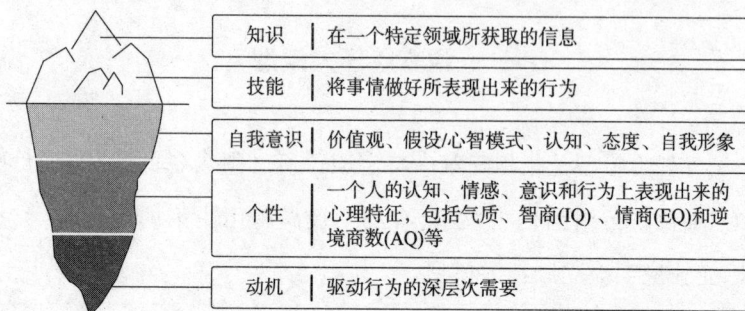

图 2-1　冰山模型

需的核心能力。

那么，面试官要如何做才能深入了解候选人，发现、探索候选人深不可见的能力呢？这里我们就要运用到乔哈里窗模型。

乔哈里窗模型是由心理学家乔瑟夫和哈里提出的，"窗"是指人的心灵就像一扇窗户。乔哈里窗模型将人内心的窗户分为四个区域，分别为自己知道他人也知道的公开区域、自己不知道但他人知道的盲点区域、自己知道他人不知道的隐藏区域，自己不知道他人也不知道的未知区域，如图 2-2 所示。

	自知	自不知
他知	公开区域	盲点区域
他不知	隐藏区域	未知区域

图 2-2　乔哈里窗模型

在面试过程当中,面试官与候选人进行沟通时也会存在这四个区域。作为面试官,自然希望公开区域越大越好,但是在实际的面试过程中,面试官往往会发现公开区域非常小。例如,初次面试的时候,候选人知道的信息只是公司需要招聘什么岗位,有哪些要求,面试官知道的信息只是候选人在简历上填写的内容,其真正具备哪些能力无从知晓。

为了扩大公开区域,在面试的过程中,面试官就要通过沟通进一步了解候选人,挖掘他们身上的潜质,通常可以通过提问的方式进行,在不断提问的过程中公开区域就变多了,面试官就可以更加全面地了解候选人的能力。

除了要拓展公开区域外,面试官也要不断地拓展盲点区域,要通过不断地回答候选人提出的问题,让候选人更全面地了解公司,了解岗位职责。同时,面试官还可以突破未知区域。相对而言,未知区域可能比较难拓展,但只要双方展开深入、真诚的沟通,互相了解,未知区域就会慢慢地拓展开。未知区域一旦被拓展开,面试官与候选人就能够更加深入地了解对方的优势和潜能,最终实现双向认可的选择,甚至还能够找到招聘目标以外的更多合作途径。

基于乔哈里窗模型,我们知道,面试者与候选人之间要想相互了解,扩大公开区域,一定要不断地进行回答,而且最好用开放式问题进行提问,以收集更多的信息。

综上,面试官首先可以通过冰山模型了解候选人冰山下面不可见的特质、能力,然后运用乔哈里窗模型,通过一问一答的形式跟候选人之间进行相互了解、匹配,在此基础上,更便于我们建立胜任力模型。

如何建立胜任力模型

掌握了胜任力模型的底层理论后,我们应如何着手建立胜任力模型呢?可以参照以下步骤建立公司内部的胜任力模型,如图 2-3 所示。

图 2-3 建立胜任力模型的步骤

(1)该职位的各项任务

一般来说,建立胜任力模型,首先要明确当前招聘职位所需要做的各项任务,即日常需要做哪些工作;然后将这些工作内容一一列举出来,这样我们就知道候选人入职后需要完成哪些工作任务。

(2)各项任务对人的要求

不同的任务对人的要求是不同的,因此,我们还需要根据不同的任务整理各项任务对候选人的要求,这些要求主要包括知识、技能、态度等。

按照以上两个步骤可以建立胜任力模型。一般来说,一些企业为了节省成本,提高效率,通常会建立通用胜任力模型。通用胜任力模型不会对各个职位各项任务进行特别细致的划分,通常是根据岗位的高中低,按照市场的整体情况对各个岗位的能力进行综合评估,如图2-4所示。

图2-4 高层、中层、基层通用胜任力模型

一般来说,越高层越强调管理领导能力。因为高层的主要任务是管理、领导,同时也要具备一定的沟通能力和独立工作能力;中层作为承上启下的角色,更强调人际沟通能力,同时也要具备一定的独立工作能力,因为除了授权下属去完成的大部分工作任务,剩下的工作任务需要自己独立完成;基层更多考虑的是独立工作能力,同时也需要具备一定的沟通能力和管理领导能力,因为基层中一些能力比较强、工作经验比较丰富的员工可能担任小组长类的职务。

(3)胜任力模型

根据图2-4中的几个层级,我们可以进一步完善不同层级人才的通用胜任力模型,具体见表2-1。

表 2-1　不同层级人才的通用胜任力模型

高层/管理领导能力	中层/人际沟通能力	基层/独立工作能力
□ 决策能力	□ 倾听能力	□ 责任感
□ 计划能力	□ 语言表达能力	□ 严谨性
□ 组织能力	□ 书面表达能力	□ 目标导向
□ 领导能力	□ 人际关系能力	□ 主动性
□ 控制能力	□ 协作精神	□ 挑战性
□ 授权能力	□ 利他精神	□ 自信心
□ 预案开发能力	□ 获得胜任能力	□ 分析能力
□ 下属指导能力	□ 会议发言能力	□ 洞察力
□ 下属开发能力	□ 会议主持能力	□ 创新能力
□ 结构塑造能力	□ 冲突处理能力	□ 适应能力
□ 文化建设能力	□ 组织团队意识	□ 服务导向
□ 变革发动能力	□ 工作/家庭平衡能力	□ 自我发展能力

　　胜任力模型中对能力的要求表述越细致,越利于选拔合适的人才。所以,为了选拔出更加合适的人才,我们还可以在上面的通用胜任模型的基础上,进一步细化各种能力要求,完善通用胜任力模型,具体见表 2-2、表 2-3、表 2-4。

表 2-2　高层管理者的胜任模型

项　　目	要　　求
基本素质	基础知识、工作知识、角色认知、责任意愿、情绪管理、压力调节、独立思维、发展意愿、工具性学习
管理技能	任务流程理解、任务要素理解、任务信息处理、任务分派、资源控制、时间管理、文件沟通、工具使用、任务团队开发、任务团队塑造、任务风险预测
领导技能	下属激励、有效沟通、口头决策、工作反馈、个人绩效诊断、个人绩效指导、下属信任、下属行为纠正、同事关系、上级信任、会议主持
概念技能	目标和流程转换、流程和情景转换

表 2-3　中层管理者的胜任模型

项　目	要　求
基本素质	专业知识、管理学知识、逻辑思维、抽象思维、批判思维、系统思维、创新思维
管理技能	结构化分析、任务分析、任务设计、多任务管理、职能团队开发、职能团队塑造、团队绩效诊断、团队绩效指导、资源组织、资源分配、职能沟通、书面决策、文件处理、文件编制、职能风险预测
领导技能	工作授权、冲突管理、下属开发、职能关系、对内谈判、对外谈判
概念技能	数据和流程转换、任务目标开发、任务标准开发

表 2-4　基层管理者的胜任模型

项　目	要　求
基本素质	经济学知识、商法知识、金融知识、财务知识、长期计划能力、对模糊形势的承受能力
管理技能	组织文化塑造、组织结构塑造、组织资源分配、组织资源控制、外部资源管理、组织风险预测、外部风险预测
领导技能	管理团队开发、管理团队塑造、公共关系管理、变革管理、对复杂形势的判断与驾驭能力
概念技能	使命和目标的转换、目标和目标的转换、成员期望与组织战略结合、新概念的提出

　　上面列举的是高层、中层、基层的通用胜任力模型,但是这些能力要求不是一成不变的,随着科技的发展、时代的进步、行业的变化和公司内部的变化,各个层级的能力要求都会有不同的调整。所以,企业不能将通用胜任力模型当作选拔人才的万能模板,而应当根据实际情况不断优化、调整胜任力模型,确保可以选拔出符合公司发展需求的人才。

不同职位的胜任力模型

虽然企业的不同层级、不同职位可以共享通用胜任力模型,但是通用的胜任力模型只能从大范围筛选人才,要想更加精准地筛选人才还应当根据职位的不同建立胜任力模型。

根据职位的不同建立胜任力模型首先必须清楚职位的性质。按照传统方式对企业职位划分,可以将职位划分为操作型、营销型、技术型和创意型四类,这几种类型的职位对候选人的能力要求各不相同。找出不同职位对候选人的能力要求后,我们便可以建立这四类职位的胜任力模型,具体见表 2-5。

表 2-5　不同职位的胜任力模型

操作型	营销型	技术型	创意型
身体协调性 肌肉力量 技能熟练程度 工具使用能力 技能的发展性	乐观的态度 亲和力 关系建立能力 关系维持能力 压力应对能力 目标导向 谈判能力 顾客思维	思维的逻辑性 思维的严密性 思维的系统性 思维的独立性 思维的批判性 技能熟练程度 工具使用能力 阅读习惯	成就动机 思维的独立性 思维的批判性 现实超脱性 技能熟练程度 工具使用能力 问题处理能力 技能的发展性

除了以上几种类型的职位,现实生活中还有很多其他职位,尤其是日益发达的互联网行业,更会出现很多新兴职位,每一个职位对候选人能力的要求都不同,为了选拔的人才与职位更加匹配,提升工作效率,我们应该积极探索不同职位的特性,明确胜任该职位所必须具备的能力,然后建立该职位的胜任力模型。

二、基于胜任力模型设计面试维度

建立了胜任力模型后,我们还要基于胜任力模型设计面试维度,且每个职位都要设计面试维度,也就是进一步量化胜任某职位需要的能力,这样做才能更加精准地筛选符合招聘职位的人才。

概括来说,胜任力主要分为两大类:硬件能力和软件能力。硬件能力是指满足该职位所必须具备的知识、技术,如某机器或者工具的应用能力;软件能力是指各个职位都通用的技能,如沟通能力。所以,基于胜任力模型设计面试维度时可以从这两个维度入手,即将硬件能力和软件能力设计成面试维度。

如何将硬件能力设计成面试维度

硬件能力是胜任某职位的必备条件,换句话说,如果候选人没有掌握某些特定的知识、技能,那么根本无法上手工作。

例如,某公司招聘团队管理者,其中有一个硬件要求是必须具备领导力。如何将领导力设计成面试维度,精准评估候选人是否适合该职位呢?

领导力是一个比较宽泛的词,我们首选可以将领导力进一步细化为授权能力、激励能力、责任管理能力、建立期望能力等,然后根据该岗位的实际情况及要求设立各个能力的评分标准,具体内容见表2-6。

表 2-6 管理人员领导力评分标准

考核指标	评分标准（领导力）			
	0～30 分	31～60 分	61～90 分	91～100 分
授权能力	不善分配工作，缺乏指导员工的方法	欠缺有效授权的方法，任务执行过程中偶尔会遇到困难	能够有效授权，顺利分配工作	善于分配工作，能够实现有效授权，积极指导员工完成工作任务
激励能力	不懂激励，工作主要靠命令	制定了一些激励制度，但是没有什么效果，员工积极性不高	制定了激励制度，能够利用激励方式激发员工的积极性	了解员工的需求，按照员工需要的方式激励员工，提高员工工作积极性
责任管理能力	放任式管理	能与员工沟通，但缺乏对员工的指导	能够与员工沟通，关注员工的工作过程，协助员工完成工作	能够充分与员工沟通，监督员工完成工作，让员工对自己的工作担负责任
建立期望能力	无法为员工建立期望	能够为员工分配工作任务	能够与员工沟通，帮助员工制定工作目标	善于与员工沟通，帮助员工制定明确的工作目标，并建立合理的期望

从表 2-6 中我们可以发现，当我们将领导力划分为更多的维度，并对每个维度进一步量化后，评估标准更加清晰。我们可以对照每一个标准为候选人的领导力打分，如果我们设定的录用标准或者进入下一轮的面试标准是 91～100 分，那么就可以筛除领导力在 91 分以下的人，这样设计面试维度不仅可以提升面试效率，还可以提升决策的正确性。

以上的例子仅供大家参考，具体将硬件能力分解成哪些指标，每个指标的评分标准是什么，应根据具体职位、具体能力要求以及其他相关要求而定。总之硬件能力指标量化越细，越利于筛选适合该职位的专业人才。

如何将软件能力设计成面试维度

软件能力是指各个职位都通用的能力，虽然不是招聘职位必备的能力，但是可以为候选人加分，也可以帮助面试官选拔更加优秀、全能的人才，所以，我们也要将软件能力设计成面试维度。

如何将软件能力设计成面试维度呢？与硬件能力一样，要对软件能力进一步细化，制定相应的评估标准。

某公司某职位将软件能力"人际理解能力"设计成面试维度，具体见表2-7。

表2-7　人际理解能力的面试维度

定　　义	理解他人的想法、情感与行为的能力
水平0分	无法理解他人，经常误解他人或对他人的想法、行为感到奇怪
水平1分	能够理解他人当前的情感
水平2分	可以理解他人当前的情绪，还能够知道这些情绪的含义
水平3分	能够理解他人的想法、情感和行为，或者能够让他人心甘情愿按照自己的意愿行事
水平4分	能够听出他人的弦外之音；能知道对方某些想法、行为；能够客观评价他人的优缺点
水平5分	能够长期理解他人存在的某种行为模式、态度

面试官在为该职位选拔人才的时候,可以参照以上的评估标准对候选人"人际理解能力"进行评估。如果该职位需要一定的人际理解能力,那么面试官可以优先选择水平最高的人。

与硬件能力相同,以上的例子仅供大家参考,具体将软件能力分解成哪些指标,或者制定什么样的评估标准应根据具体职位、具体能力要求以及其他相关要求而定。相比较来说,因为软件能力不是必备的,所以无须花费太多时间和精力制定太过细致的指标和评估标准。

三、基于面试维度制定甄选标准

建立胜任力模型、设计面试维度并不是我们的最终目的,我们的最终目的是基于面试维度制定甄选标准,这才是面试必备的工具,可以帮助我们高效地筛选人才,使我们作出正确的用人决策。

如何制定人才的甄选标准

基于胜任力模型设计了面试维度后,下一步要做的是基于面试维度制定人才甄选标准,进一步确定面试官应按照什么标准为企业选拔合适的人才。

如何制定人才的甄选标准呢?

制定人才甄选标准主要有三种方法,优秀员工绩效分析(TPE)、胜任力模型分析或与上级讨论的方式确定最终的人才甄选标准。在第一节我们介绍了胜任力模型,可以基于胜任力模型制定人才的筛选标准,所以下面重点介绍 TPE 分析法和与上级讨论两种方法。

（1）TPE 分析法

对于直线经理来说 TPE 分析法是一个比较直观的工具,操作也比较简单。

首先,我们需要列举这个职位或同类职位的最优秀员工有哪些,记录他们的名字,然后分析他们之间的共性,具体地说,就是这些优秀绩效员工,他们在知识、技能、态度以及其他方面有哪些共同特点,然后将一致性最高的项目作为甄选标准。

在使用 TPE 分析法时我们需要注意的是,标准太高可能会局限我们的选择。我们选拔出来的优秀绩效员工肯定是工作表现较突出的,但是如果将所有绩效优秀的员工的最优条件都列出来,制定成我们筛选人才的标准,那么这个标准似乎太高了,因为很难遇到候选人可以同时满足这些优秀条件的,这样一来这些条件就形同虚设。

为了避免以上问题出现,我们通过 TPE 分析法确定最终筛选标准的时候应该对所有条件进行适当的优先级排序,要区分哪些是必要条件,哪些是锦上添花的愿望性条件,然后将必要性条件排在前面,愿望性条件排在后面,具体的排序应根据岗位要求确定。

（2）与上级讨论

与上级讨论是指与招聘职位的直接上级讨论招聘职位的人才甄选标准。采取这种方法确定人才甄选标准的时候,我们可以直接让招聘职位的上级列出该职位关键的胜任特征,并大致说明每项胜任特征的理由,这种方法的优点在于直线经理可以直接给出甄选标准,无须我们再去作分析。

在使用上级讨论这种方法确定甄选标准时要注意以下两个事项:

①上级的描述不一定是对的

每个人都有自己的喜好,上级很可能会根据自己的喜好给出甄选标准,而这个甄选标准并不一定是对的。

②上级的描述不一定可精准量化、可测量

大多数人都是感性的,直线经理也不例外,而通过感性给出的甄选标准往往不精准,无法测量。例如,直线经理的甄选标准是聪明、果断、亲和力、管理能力,这些标准就比较感性,或者说比较宽泛,我们很难进行评估、判断。

所以,在使用与上级讨论的方式确定甄选标准的时候,最好让上级给出可以量化的指标,否则会增加甄选的难度,无法筛选与岗位匹配的人才。

虽然 TPE 分析法和与上级讨论两种方法都可以制定人才的甄选标准,但是相比较来说,还是建议使用胜任力模型分析法制定人才甄选标准。因为胜任力模型更加客观、全面,制定的标准也更加符合职位需求和企业需求,可以选拔更加合适的人才。

通用的岗位人才甄选标准

因为岗位的种类很多,所以我们没有办法在这里将所有岗位的甄选标准一一列出来。虽然岗位性质不同,但是不同岗位之间人才的甄选标准也有一定的共性,所以我们在这里主要介绍一下不同岗位通用的人才甄选标准。

不同岗位通用的人才甄选标准见表 2-8。

表 2-8　不同岗位通用的人才甄选标准

类　　型	能　　力
人员管理能力	培训与发展能力 管理绩效能力 辅导和指导能力 团队建设能力
个人发展动机	追求卓越能力 结构化思维能力 职业发展规划
领导能力	战略管理能力 未来规划能力 说服和影响员工的能力 变更管理能力
沟通能力	对客户卓越的承诺能力 协同工作能力 客户关系管理能力 社交和情商能力 说服谈判技巧 写作技巧 口语和倾听技巧
逻辑推理能力	决策能力 优先级排序能力 逻辑推理和分析能力 研发能力 解决问题能力

类　　型	能　　力
可迁移能力	个人资源 诚信力 个人影响力 商业道德 规划与组织能力 商业敏锐度
技术能力	创造性思维 技术知识精通 软件工具精通 数据管理能力 设备和系统知识 政策与规划 产品熟悉度

　　不同岗位因性质、领导用人理念等原因,有着不同的人才甄选标准。所以,从严格意义上说,为了选拔更适合本岗位的人才,我们还应当根据岗位性质、用人理念制定具有针对性的人才甄选标准。制定具有针对性的人才甄选标准其实就是在通用的人才甄选标准基础上将标准进一步细化,设计不同岗位的面试维度,然后基于这些维度制定岗位具体的甄选标准。

　　以销售顾问为例,我们来看看不同岗位的人才甄选标准,销售顾问的人才甄选标准见表2-9。

表 2-9　销售顾问的人才甄选标准

顾客拜访能力	顾客需求分析能力	产品推介能力	客户关系维护能力	商务谈判能力	自我管理能力
乐观亲和 人际沟通 服务意识 商务礼仪 函电沟通	行业知识 顾客档案	学科知识 产品解说	关系维护 定期回访	合同条款 问题处理	计划执行 服从意识 成就动机 目标管理 团队协作

销售顾问的人才甄选标准"顾客拜访"对应的就是通用人才甄选标准中的"沟通能力"中的"客户关系管理能力",并对这个能力进一步细分,如细分为"乐观亲和""服务意识",从而形成了针对销售顾问的甄选标准。

人才甄选标准是提高面试效率的有力工具,面试官不仅要明确需要招聘什么样的岗位,更要根据岗位性质、用人理念等制定具有针对性的人才甄选标准。

四、基于甄选标准撰写招聘信息

确定人才甄选标准后,下一步要做的就是基于甄选标准撰写招聘信息。

展示企业的魅力

对于一些求职者来说,他们在求职过程中比较关注的信息是企业本身。如果企业对他们有一定的吸引力,他们才会去关注企业招聘哪些岗位,然后选择合适的岗位投递简历。反之,如果企业对他们来说没有什么吸引力,他们很可能就将目光转移到另一家公司,挑选自己心仪的岗位投递简历。所以,为了在第一时间抓住求职者的眼球,我们首先要在招聘信息里展示企业的魅力,即要有一个实质性的企业介绍和简短的企业文化介绍。

某公司招聘信息中的公司简介如下:

> 某塔卷烟有限责任公司是某省唯一一家卷烟工业企业,于 2003 年由原某卷烟厂改制成立,股东方分别为某塔烟草(集团)有限责任公司和中国烟草实业发展中心。公司主要加工生产云南某烟合作品牌"某溪""某塔山""某烟""某梅"和自有品牌"某岛""某沙"等 6 个品牌 18 个规格卷烟。
>
> 近年来,某塔卷烟有限责任公司为某省地方经济建设和社会发展作出积极的贡献,连续荣获"某省诚信企业""纳税大户""某省节能减排功勋企业""某省企业 100 强""某标志性品牌企业行业 10 强"等荣誉称号。

企业介绍其实就是将企业具体是做什么的,有什么特色,企业文化是什么,获得过哪些荣誉等进行简单阐述。

在撰写招聘信息时应注意以下几点:

(1)按照一定的逻辑顺序展开

介绍企业的时候最好按照一定的逻辑顺序展开,便于求职者阅读和理解。正常情况下,建议按照企业发展的时间顺序介绍企业,如企业成立于哪一年,经历了哪几个阶段的发展,在这些阶段获得了什么样的成就、荣誉等。

（2）内容简洁明了

求职者的时间和精力是有限的，他们不可能将所有时间和精力都花费在阅读招聘信息上。为此，招聘信息尤其是企业介绍一定要简洁明了，不能为了吸引求职者而将企业所获得的成就、荣誉全部展示在招聘信息中，通常建议将 4～5 个影响较大的成就、荣誉展示出来即可。

（3）信息真实可信

我们切不可为了吸引求职者而杜撰企业的虚假信息，这是撰写招聘信息的大忌。例如，介绍公司是世界几百强，获得了多少融资等。互联网时代是一些信息唾手可得的时代，如果求职者对企业感兴趣，那么他们便会通过网络或其他途径去求证企业的相关信息。一旦他们发现信息不真实，他们很可能会直接放弃这家公司。

所以，无论公司实力如何，获得了什么样的成就、荣誉，我们都要真实地在招聘信息中展示，否则即便招来了员工，也很大可能会离职，给公司造成不必要的损失。

我们一直强调招聘是一个双向的过程，所以我们要想招聘优秀人才，就不能"守株待兔"，而应该主动向求职者展示企业的魅力，吸引他们投递简历。

条理清晰的工作说明

条理清晰的工作说明其实就是要详细、有条理地列出工作中的各项任务和要求。

下面为某公司的工作说明。

职位:副总助理

工作职责:

1. 负责日常行政秘书工作,安排副总日常行程及会议议程;

2. 协调各部门内部沟通,保证副总与公司内外的信息畅通;

3. 负责副总交办的有关工作的督办、协调及落实;

4. 负责协助副总进行涉外商务沟通,翻译相关的文档资料;

5. 负责有关合同管理,相关文书资料的起草、打印、登记、存档等工作;

6. 根据副总经理指示,协调联系与相关政府部门及业务往来单位有关事宜。

在写工作说明的时候应注意以下几点:

(1)简明扼要地交代各项任务

在撰写工作说明之前,首先要明确该职位所要负责的工作内容,然后对这些内容进行提炼总结,简明扼要地交代各项工作任务,这样做可以让求职者快速地理解这项任务的要点。

例如,副总助理的某项工作任务是要负责一些日常的工作,如负责副总行程安排、发布会议通知、安排会议议程等,那么我们可以将这项工作任务概括总结为"负责日常行政秘书工作,安排副总日常行程及会议议程"。

(2)按照一定的逻辑顺序列出各项任务

为了使得工作说明有条理性,我们应当按照一定的逻辑顺序列出各项任务。通常建议按照重要性顺序列出个性任务,即先列出该职位最主要的任务,再列出次要的……

例如,副总助理这个职位最主要的工作任务是"负责日常行政秘书工作,安排副总日常行程及会议议程",相比较而言,次要的工作任务是"协调各部门内部沟通,保证副总与公司内外的信息畅通"……

工作说明通常只需列出几条重要的,无需将工作中涉及的大大小小的任务事无巨细地交代,这样做既不能让求职者明确这项工作究竟是做什么的,甚至还会让求职者怀疑这项工作是一项打杂的工作,什么都需要做,于是很可能不选择该职位。

说明汇报线路和下级人数

一般来说,如果招聘的岗位属于中高层管理职位,那么招聘信息中就要清楚说明汇报路线和下级人数。汇报路线是指向哪位汇报工作,下级人数是指要带领多少人。对于一些有若干年工作经验并且希望在职业上有一定发展空间的候选人而言,明确告知他们汇报路线和下级人数可以让他们对岗位有一个更深入的认识,并对自身未来发展进行准确的定位。

例如,一个候选人在原单位是有两名下属的市场经理,向市场总监汇报,跳槽后的岗位是市场副总监,下属有三个市场经理,向副总裁汇报。那么这位候选人就可以预期新面试岗位对自己是一个挑战,需要对自己的身份和心态都作好调整,以应对新工作的变化和挑战。

明确公平的任职要求

任职要求是招聘信息中的核心内容,即要明确告知求职者担任该职位应具备哪些能力、条件。

下面为某公司副总助理的任职要求。

职位:副总助理

任职要求:

1. 文科类专科以上学历,三年工作经验,优秀应届生也可以考虑。

2. 工作主动、细致,有耐心、亲和力和责任感。具备较强的组织、协调、沟通能力及出色的人际交往能力,擅长商务关系和重要公关活动的组织执行,具备解决问题能力,思路清晰,考虑问题细致周密,做事果断利落,执行能力强,具有优秀的秘书职业素质。

3. 具备良好的文字功底和文字组织能力,能独立起草公务文函和商务文函,能熟练运用办公软件。

4. 认同企业文化,具有强烈的责任心及团队合作意识,能适应较强的工作压力和工作强度;形象气质佳,有较高的职业素养;善于处理突发事务,公关能力强。

5. 具有较好的英文听、说、读、写能力。

在撰写任职要求时应注意以下几点:

(1)任职要求一定要明确,不能模糊不清

所有的任职要求都必须明确、具体,不能出现模糊不清的概念。例如,任职要求为"具备良好的文字功底和文字组织能力",这种表述就是模糊不清的,求职者看到这条要求时无法评估自己是否符合任职要求。他们可能评估自己不符合要求或者自己符合要求,这样就可能导致两个问题出现,即招聘到不合适的员工或错失一名优秀员工。所以,该任职要求可以更加完善,表述为"具备良好的文字功底和文字组织能力,能独立起草公务文函和商务文函,能熟练运用办公软件",这种表述更加明确、具体,利于求职者作出准确的自我评估。

(2)任职要求一定要公平

任职要求如果显失公平,不仅很难招聘到合适的员工,还容易引起一些负面影响,给公司带来不必要的风险。例如,某职位的任职要求为"仅限男性",这个限制条件就存在重男轻女的歧视,显失公平。如果确因岗位性质需要招聘男性,那么一定要加以说明,如"该岗位需长期出差外地,工作强度较大"。

总结来说,我们在撰写任职要求时要尽可能描述得更加具体、明确,且不要出现任何歧视性或显失公平的招聘要求。

具有竞争力的薪酬福利

求职者求职的基本需求是生存,通俗地说,是薪酬福利。我们甚至可以说,如果薪酬福利满足不了员工的需求,那么企业的魅力再大,这份工作再合适求职者,他们也会慎重考虑。所以,我们在撰写招聘信息时一定不能忽视薪酬福利这部分内容,且一定要说明薪酬福利的竞争力。

某公司某职位招聘信息中的薪酬福利如下：

1. 底薪（5 000 元＋职级补贴＋服务补贴奖＋年终奖等，月收入 10 000 元以上；

2. 入职签订合同后即可享受五险一金和职工综合福利保障；

3. 公司每月额定有激励计划，以现金、礼品方式发放；

4. 每季度优异者可享国内外旅游；

5. 周末双休＋带薪国家法定节假日＋公司带薪年假；

6. 每月按时薪酬发放；

7. 公司提供良好的作业发展空间；

8. 团队工作气氛好，定期组织团建活动。

在撰写薪酬福利时可以将具有竞争力的薪酬福利都罗列出来，以吸引对薪酬福利有不同需求的求职者。

在撰写薪酬福利时应注意以下两点：

（1）尽量明确描述薪酬福利

我们可以在描写薪酬福利的时候写"薪酬面议"或"提供行业具有竞争力的薪酬福利"，但是一般情况下，这种模糊的信息很难吸引求职者，所以，建议尽量明确地描述薪酬福利，如果无法明确描述那么最好给出一个薪酬区间，如 5 000 元～8 000 元。

（2）薪酬福利一定要真实、可兑现

薪酬福利一定要真实描述，不能为了吸引求职者而故意将薪酬写得很高，但实际却给不了那么高，这样做，一旦求职者入职后发现真实情况,很可能会因此离职,还会将这个信息传递出去,给公司造成负面影响。

适当突出职位强调的素质

不同的职位强调的素质不同,在撰写招聘信息时可以适当突出职位强调的素质,吸引素质相匹配的求职者。例如,有些创意型岗位比较注重求职者的个性和创造力,那么我们可以在招聘信息中适当突出个性和创造力,以吸引富有个性和创造力的求职者。

某新媒体的招聘信息如下:

我们需要的职位

新媒体编辑　2名

1. 独立完成少女生活方式类文章创作,能产出好内容;

2. 热爱美妆、时尚和一切与少女相关的事物;

3. 执行力强!执行力强!执行力强!

…………

加分项

1. 运营过自己的公号,或创造过被广泛传播的内容;

2. 有自己的爱好,说起来充满热情;

3. 定期阅读生活方式相关类内容,包括某杂志、某周刊等。

我们愿意为你提供

1. 每月两次邀请行业达人针对性地进行职业培训,让团队所有人迅速提升知识和能力。

---

2. 除略高于行业水准的薪资外,每个部门会独立核算奖金。

与你在一起工作的是一群有活力、有趣的人。

我们还有齐全的五险一金,免费的下午茶和大波福利。

但同时我们也是一家上升期的创业公司,这里没有很轻松就能做好的事情,所以需要你长久的热情和专注。

世界上有太多事可以做。

做喜欢的是好的,跟喜欢的人一起做好玩的事才是最好的。

可能有 97% 的人看到这里已经心动了,但我们的岗位有限,只会留给最好的人。

相比传统的招聘信息来说,这条招聘信息就比较有个性和创造力,例如,形式上的个性化,如传统的职位描述这里写的是"我们需要的职位",传统的薪酬福利这里写的是"我们愿意为您提供"。再例如,表达方式的个性化,如"可能有 97% 的人看到这里已经心动了,但我们的岗位有限,只会留给最好的人",这种个性和创造力较强的招聘信息,能够在一定程度上突出该职位强调的个性和创造力,可以吸引具有个性和创造力的求职者。

所以,招聘信息的内容和形式不是不变的,在确保我们将工作任务、任职要求等核心信息清楚展示的前提下,我们还可以用不同的形式、表达方式撰写招聘信息,适当突出该职位的素质,吸引具备这类素质的求职者。

第三章 面试准备：简历筛选与面试预约

高效的面试一定是"不打无准备之仗"，所以面试之前面试官要做好面试准备，主要应做好简历筛选与面试预约两项核心工作。

场景演练

通过对简历的筛选，你选定了几位副总裁助理的候选人，准备安排他们进入下一轮现场面试。接下来，你通过电话沟通联系他们预约时间来公司面试，在电话沟通的过程中，你主动告知对方公司信息，并预约候选人来公司面试。

有一位候选人提出异议，表示能否通过电话直接进行第一轮面试，因为一方面他请假不方便，另外一方面A公司的面试地点离他比较远。你告诉他，现场面试可以更好地增进双方的相互了解，一方面我们可以更直观地了解他，另一方面我们也可以更直观地帮助他了解公司。

预约好候选人之后，你要准备第一轮面试的内容。由于A公司之前并没有标准化的面试问卷，所以你决定自己顺便设计一份面试问卷。作为第一轮HR的面试，针对"副总裁助理"这个职位，你觉得从理性层面需要着重职位的专业技能，从感性层面需要着重关注性格匹配度，即候选人的行为处事风格与副总裁的匹配度。

面试即将开始，你让实习生打印好候选人的简历，然后带着简历走进了面试预定的会议室里，准备让前台把候选人带进来。然而你总觉得会议室里似乎缺了点儿什么，你是否需要再做些什么准备工作呢？

一、高效筛选简历

简历筛选是招聘过程中比较关键的环节,从某种程度上说,能否高效地筛选简历决定了招聘效率和招聘结果。那么,怎样才能高效筛选简历,快速而精准地从海量的简历中发现那个最合适的人选呢?

优秀简历的主要特征

我们要想高效筛选简历,首先必须了解优秀简历具备哪些主要特征。一般来说,优秀简历具备的特征如图 3-1 所示。

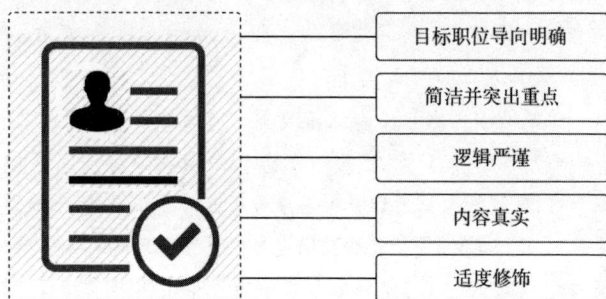

目标职位导向明确

简洁并突出重点

逻辑严谨

内容真实

适度修饰

图 3-1　优秀简历的主要特征

(1)目标职位导向明确

不少求职者为了获取更多的面试机会,便会在投简历的时候选择"海投",即在各大招聘网站上向各大公司的各个岗位投递简历。但是面试官的时间和精力是有限的,不可能仔细阅读每一份简历上面的所有内容,或者说不能将有效的时间和精力浪费在无

56

效的简历中。为了能够精准筛选优秀的简历,我们首先应当锁定优秀简历的关键特征之一——目标职位导向明确。

目标职位导向明确是指候选人在简历中填写的求职岗位与我们招聘的岗位是对应的,而不是没有明确岗位或填写很多岗位。

某公司需要招聘一些同时懂越南语和财务的特定人才。在招聘的过程中,面试官发现有一位候选人简历上关于语言能力的一项并没有越南语这个必备条件,但是他依旧投递了该公司的相关岗位。

以上的案例就是明显的目标职位导向不明确,这样的简历可以第一时间筛除。

优秀的简历一定是目标职位导向明确的,求职者十分明确自己的目标职位,且会精准投递简历。

(2)简洁并突出重点

优秀简历的内容一般简洁明了,不会堆砌无效的信息,一般不会超过两页纸。一般来说,面试官没有那么多时间和精力去看信息量过大的简历,甚至可能会通过信息量堆砌的简历判断该候选人缺乏判断力。

优秀的简历虽然简洁但是一定会突出重点,让筛选简历的人可以第一时间抓住重点,看到候选人的能力、优势。优秀的简历通常会突出哪些重点呢?这个主要看求职者投递的是哪一个岗位,如果该岗位看重专业技能,那么求职者在简历中应突出强调自己的专业技能有哪些;如果该岗位看重个人的工作经验,那么简历中应重点介绍求职者的相关工作经历。

简洁并突出重点的简历可以让面试官快速地判断该候选人的能力与该岗位所要求的胜任力是否匹配,从而决定是否安排其进入下一轮面试。

(3)逻辑严谨

一份优秀的简历一定要有严谨的逻辑性。

简历的逻辑性主要体现在两个方面:

①语言的逻辑性

语言的逻辑性是指简历中所描述的内容流畅、通顺。

②内容的逻辑性

内容的逻辑性体现在很多方面,如简历中描述的内容是否与招聘岗位的信息相对应、候选人描述个人经验时是否按照一定的逻辑顺序展开,如时间的先后顺序。

优秀简历具备语言的逻辑性和内容的逻辑性,能够提升简历筛选人的阅读体验,从而可以提升被选中的概率。

(4)内容真实

优秀简历呈现的所有内容一定是真实的,也必须是真实的,包括年龄、学历、个人工作经验、以往的薪资待遇等,这是优秀简历的主要特征,更是优秀简历的基本特征。

(5)适度修饰

优秀的简历是求职的敲门砖,为了更轻松地叩开求职的大门,求职者通常会对简历进行适度修饰。例如,对简历进行简单的设计、排版,让简历看上去更加美观、简洁、大方。

从候选人的角度说,当自己的简历具备以上几个主要特征后,便有机会让面试官从几十本、几百本甚至近千本简历中注意自己的简历,从而获得面试机会。从面试官的角度说,可以从简历的特征初步评估候选人对本次求职的态度是否积极,从而为是否安排其进入面试作为参考依据。

简历中的"危险"信号

在筛选简历的时候,简历筛选人员除了可以参照优秀简历的主要特征去筛选简历,也可以通过识别简历中的"危险"信号筛选简历。

简历中常见的"危险"信号如图 3-2 所示。

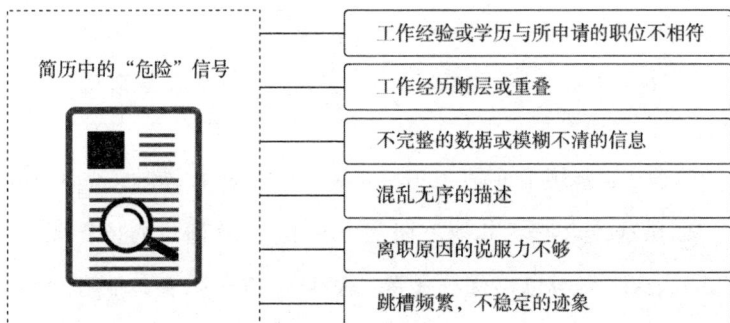

图 3-2 常见的"危险"信号

(1)工作经验或学历与申请的职位不相符

工作经验或学历是一些岗位的硬件指标,如果求职者的工作经验和学历不相符,那么我们在筛选简历的时候可以优先考虑筛除这类简历。例如,某岗位要求研究生学历,但是候选人的学历是本科,那么这个简历就可以直接筛除。

(2)工作经历断层或重叠

有些候选人在描述工作经历的时候会出现断层或重叠的情况。

某员工的工作经历:

2022年8月—2023年6月,在A公司担任销售职位;

2023年8月—2023年12月,在B供公司担任销售职位。

这段工作经历是断层的,中间有两个月的空白期。

某员工的工作经历:

2021年8月—2022年8月,在A公司担任销售职位;

2022年6月—2023年4月,在B公司担任销售职位。

这段工作经历是重叠的,2022年8月在A公司,同时又在B公司。

如果这位求职者其他方面能力一般,与该岗位的招聘要求不符,那么这类简历可以优先筛除。如果这位求职者其他方面能力不错,与该岗位的能力要求相符,那么我们可以暂时不筛除这份简历,但是一定要在简历上做好备注,如"该求职者工作经历断层,面试时应重点关注并确认断层或重叠的原因",这样,在面试的时候,面试官可以通过提问的形式搞清楚候选人的工作经历出现断层或重叠的原因。例如,"2023年6月—2023年8月,中间两个月没有工作,是做什么事情去了呢?""我看您的简历有一段工作经历是重叠的,是兼职呢还是什么情况?"候选人的回答可能是"出现断层的两个月去进修了专业技能"或者其他。关于工作经历重叠,有些求职者不满足于专一职业的生活方式,同时做两三份工作并在简历中一一列举,所以会出现重叠的情况。

如果面试官认为候选人给出的理由合理,那么可以考虑安排候选人进入下一个面试环节。如果面试官认为候选人给出的理由比较牵强,那么面试官应综合考虑是否安排其进入下一个面试环节。但是无论如何遇到这种"危险"信号的时候都要在面试中进一步确认,否则会给后续的工作带来不必要的麻烦,甚至会给公司带来损失。

(3)不完整的数据或模糊不清的信息

简历中经常会出现候选人提供数据不完整或信息模糊不清的情况。

> 某候选人在简历中提到上一份工作在某公司,薪资是10 000元左右。

"薪资10 000元左右"这个数据就是不完整的,10 000元左右是由哪些部分构成的,是底薪+绩效提成构成的还是其他?底薪是多少?

"在某家大公司工作过"这个信息是模糊不清的。据面试官调查了解,这家大公司下面有很多分公司,每个分公司下面有很多子业务,候选人并没有明确交代具体在哪家公司负责什么业务。

如果只是这部分信息存在一些问题，候选人的其他条件都与岗位招聘岗位要求相符，那么面试官可以在面试的过程中进一步确认这些信息。

某面试官在筛选简历的时候发现候选人关于之前工作的公司信息交代不清，于是询问候选人："您具体在这家公司负责什么业务？"

候选人回答："负责××业务。"

面试官对这家公司比较熟悉，他知道这家公司并没有这块业务，所以刨根究底地继续提问，最后才明白是这家公司下面的子公司将一部分业务外包出去给其他公司做，该候选人并不属于这家公司，他只是一个派遣工，也就是说，候选人在简历中提到的信息与实际情况不符。

如果求职者在简历中交代的数据不完整或信息模糊不清，那么我们筛选简历的时候一定要做好备注，让面试官在面试的过程中进一步确认这些数据和信息，从而确定是否录用或是否安排该候选人进入下一轮面试。

（4）混乱无序的描述

混乱无序的描述是指求职者简历中描述的信息没有逻辑顺序，显得杂乱无序，遇到这样的简历我们也要谨慎考虑。

通常，求职者在描述工作经历的时候会选择正序或倒序两种方式，这样便于简历筛选人员阅读和理解。正序是比较常见的一种表达逻辑，如第一份工作是 2021 年×月—2022 年×月，第二份工作是 2022 年 × 月—2023 年 × 月,第三份工作是……倒序是指从最近一份工作慢慢往前推,如 2023 年 × 月—2022 年 × 月,在某企业从事某职位……2022 年 × 月—2021 年 × 月在某企业从事某职位……

正序和倒序两种表达都可以让简历的内容更加有逻辑性,便于简历筛选人员阅读和理解,但通常一些简历筛选人员更倾向于倒序的表达逻辑,因为最近的一份工作更能真实地反映候选人当前的工作能力及相关情况。

但在实际的简历筛选过程中,我们会发现有些求职者在描述工作经历的时候既不采取正序,也不采取倒序,而是想到哪里写到哪里,或者把他们自己认为非常重要的内容写在最前面。一些创意性的公司可能要求候选人思维活跃,喜欢这种非线性的描述,但是大多数简历筛选人员还是希望候选人描述工作经历时按照线性逻辑描述,便于他们阅读、理解并作出正确的决策。

(5)离职原因的说服力不够

离职原因的说服力不够是从面试官的角度说的,即面试官不认可候选人离职的原因。

> 某求职者在简历中对"离职原因"的描述为"钱给得太少了,一个人干了两个人的活"。

如果简历筛选人认为这个理由太随意,说服力不够,并且认为该求职者过分计较得失,感知如果有更高薪酬的职位,该候选人一定会选择跳槽,工作稳定性不强,那么就要结合候选人的综合能力考虑是否安排其进入下一轮面试,或者在简历上进行备注,让面试官在面试的过程中对离职原因进一步确认。

(6)跳槽频繁,不稳定的迹象

除了离职原因的说服力不够这个"危险"信号外,面试官还要关注求职者的跳槽频率。如果候选人频繁跳槽,严重的时候两三月跳一次,那么说明该求职者稳定性较差,简历筛选人员应慎重考虑是否安排其进入面试,即便该求职者的其他条件不错,通过了简历筛选,进入了面试环节,面试官在面试的过程中也要重点关注其频繁跳槽的这个问题,需要通过提问不断地确认相关信息,然后作出正确决策。

以上是简历中比较常见的一些"危险"信号,识别这些危险信号后,简历筛选人员需要根据招聘要求评估"危险"程序,然后决定直接筛除简历,还是在面试中进一步确认这些"危险"信号。

哪些简历可以迅速筛除

在海量的简历中一般会存在这样一类简历——简历筛选人员看到简历内容后无须过多思虑便可以迅速筛除,这类简历有哪些特征呢?如图3-3所示。

(1)短期内频繁更换工作,事业无进展

如果求职者短期内频繁更换工作且事业上没有什么进展,没有获得个人成长,那么我们可以直接筛除这类简历。

一般来说,从面试官的角度看,候选人可以在25岁之前,或者在30岁之前通过适度的更换工作,进行职业探索,在这个年龄阶

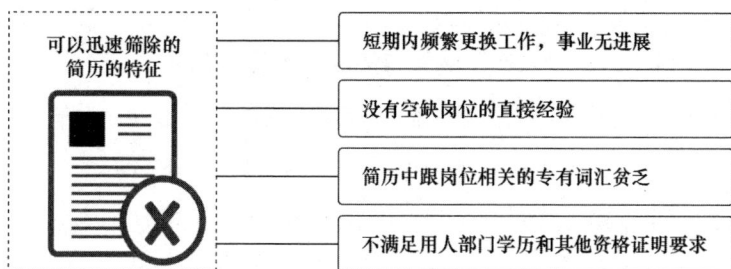

图 3-3　简历特征

段这样做都是合理的,但是如果超过 30 岁,还在频繁跳槽,不停地换工作,而且始终没有什么成长,那么我们可以认为这位求职者没有进取精神。任何企业的目标都是不断地向前发展,所以没有进取精神的求职者可以直接筛除。

(2)没有空缺岗位的直接经验

一般来说,我们都希望招聘的候选人有空缺岗位的相关经验,至少能够达到该岗位的硬性指标,基本工作能力要求,不需要入职后培训专业技能。所以如果选择空间比较大,那么没有空缺岗位直接经验的简历可以直接筛除,除非招聘的是类似初级办事员的这类岗位,对工作经验没有太多要求。

(3)简历中跟岗位相关的专有词汇贫乏

有一些岗位的专业要求比较强,例如律师、土建工程师、程序员等。如果求职者的简历中专业词汇缺乏,那么从某个层面可以说明该求职者的专业背景不强,或者专业知识、技能不扎实,这类求职者即便进入了面试,可能也讲不出更有价值的东西。所以,为了避免浪费时间、精力、成本,筛选简历的时候遇到这类简历可以迅速筛除。

(4)不满足用人部门学历和其他资格证明要求

虽然学历不代表一切,但是学历从某种程度上可以反映一个人的学习能力和其他相关能力,所以一些岗位对学历有严格的要求。因此在筛选简历的时候,如果看到求职者不满足用人部门学历要求的简历可以迅速筛除。例如,某岗位的学历要求是大专及以上,那么如果求职者简历中的最高学历是高中,就可以迅速筛除这份简历。

除学历外,有些岗位还需要从业资格证才能上岗,如律师资格证、教师资格证等。如果求职者投递的是这类岗位,但是又没有获得相应的资格证明,那么这类简历也可以迅速筛除。

此外,还有一些简历也是可以直接筛除的,如长相、身高、体重、性别等与岗位要求不符的简历。提到这些要求,有人可能会提出这样的疑问:"这些要求不会存在就业歧视的嫌疑吗?"的确,这些要求很容易被误解为就业歧视,但是我们又不得不承认,有些岗位的确要满足这些要求才能最大化工作效率,如有些岗位需要经常出差,体能消耗比较大,可能更加适合男性。所以在这种情况下,我们要做的是,既要提出这些要求,又要避免被误解为就业歧视。具体来说,一些容易被误解为就业歧视的要求一定不能出现在任何公开的招聘信息里,面试官只能与业务部门的相关领导通过口头沟通确认,面试团队的所有面试官对这些要求做到心知肚明即可。

以上是几类常见的可以直接筛除的简历,除了这些,简历筛选人员可以根据招聘岗位的实际要求识别可以快速筛除的简历,进一步提升简历筛选效率。

二、确定面试的时间和地点

确定面试的时间和地点很重要,一旦面试的时间安排不妥,或者面试地点被占用,都会影响招聘、面试的效果。

高效的面试时间安排

高效的面试时间安排是面试官应当具备的基本能力。那么,如何做好面试的时间安排呢?我们可以运用时间四象限法则,高效地安排面试时间。

时间四象限法则是时间管理理论中的一个重要方法,是指将需要做的事情按照紧急、不紧急、重要、不重要的排列组合分成四个象限,这四个象限的划分有利于我们对时间进行有效管理,如图 3-4 所示。

(1)第一象限:重要且紧急的面试

这类面试具有时间的紧急性和影响的重大性,是必须立刻处理的面试。例如,某核心岗位急需用人,如果短时间招聘不到合适的员工将给公司造成巨大的损失,这就是重要且紧急的面试,面试官需要立即安排这类岗位的面试。

(2)第二象限:紧急但不重要的面试

这类面试虽然很紧急,但是并不重要。例如,操作岗位需要一

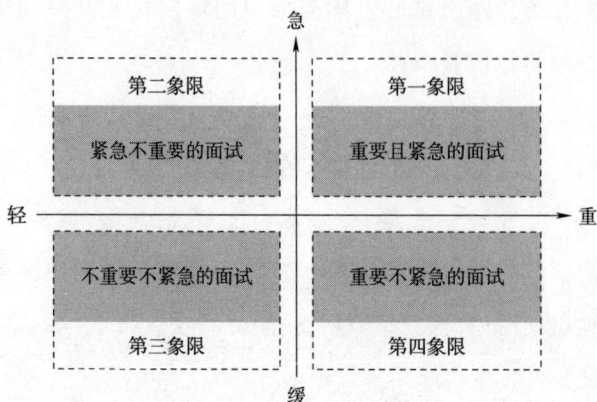

图 3-4　时间四象限法则

批人手完成客户方的加急订单,这类面试虽然看似很紧急,但其实并不需要大张旗鼓地安排面试工作,我们可以通过寻找临时工或安排员工加班来解决这个问题。

(3)第三象限:不重要不紧急的面试

这类面试不紧急,也不重要,甚至可以说安排这类面试就是在浪费时间和精力。例如,有些岗位可有可无,不能为公司创造任何价值,甚至会增加公司的用人成本,面试官就无须在这类面试上花费时间和精力。

(4)第四象限:重要但不紧急的面试

这类面试不具有时间上的紧迫性,但是具有影响的重大性。例如,某个岗位缺人,但是有时间可以缓冲。那么这个时候面试官无须慌张,可以有条不紊地,或者多花一些时间和精力去寻找合适的人才。

总结来说,时间四象限法则是指面试官在安排面试时间时,要重点关注第一象限的重要且紧急的面试,然后再关注第二象限、第四象限、第三象限,总之要聚焦重要且紧急的面试,把时间和精力花在刀刃上,这是提升招聘效率的关键。

提前预订面试地点

面试地点对面试来说也非常重要,因为其代表了公司形象,所以面试官要安排一个环境舒适、安静的面试地点。通常,面试官会将面试地点安排在会议室,会议室属于公共的,可以用来面试、召开会议或者上下级之间的面谈等,这样就很难避免大家使用会议室的时间会产生冲突。为了避免这种情况发生,面试官应当提前约定面试地点。

首先,面试官要确定面试地点,然后咨询面试地点的使用情况及申请规则。

> 周一是某公司各个部门召开例会的时间,会议室基本被安排满了。周二、周三、周四、周五这几天可以预约,且需提前两天去行政部门填写会议室使用申请。

如果面试官将面试安排在周三下午,那么周一面试官就要去行政部门填写会议室使用申请单,预订会议室。

无论是会议室还是其他地方,是否需要提前约定,面试官只要安排该地点为面试地点,都需要向有关人员提前说明情况,避免出现占用的情况。

三、电话预约面试

预定面试地点后,接下来面试官就要打电话预约面试,通知求职者面试时间、面试地点以及相关事项。

电话预约的合适时间

打电话预约没有严格的时间规定,但是选择合适的时间打电话可以提升预约的成功概率。

> 周一下午5:30左右,人力资源部门的人员林玲拨通了一位求职者的电话,预约其面试的时间。第一遍电话被求职者直接挂断了,求职者接通了第二遍电话,还没等林玲说完,求职者就说"不好意思,我现在要下班,我着急赶公交,先不说了"。林玲一头雾水,心想"既然着急找工作,耽误不了这几分钟吗?这种工作态度也不适合我们公司。"

如果只是因为求职者着急下班挂断电话,就判断求职者的素质不高,不适合公司有些片面。林玲之所以这么想,是因为只是站在自己的角度考虑问题,没有站在求职者的角度考虑问题,很可能求职者住的地方离公司比较远,公车比较难等,这样很可能就会错过一个优秀的人才。所以,为了避免这种情况出现,我们在打预约电话的时候应当找一个相对合适的时间。

那么,什么时候打电话预约比较合适呢?

权威机构的点差数据显示,以下 3 个时间段打电话预约比较合适:

上午 10:00—11:00(对上午完成的工作进行整理、总结)。

下午 3:30—5:00(基本结束了一天的工作)。

晚上 8:00—10:00(在家休息)。

这几个时间段主要针对还处于在职状态的求职者,对这些人而言,一般情况下,这几个时间打电话预约的成功率比较高,但也不是绝对的。

此外,如果简历中显示求职者已经离职,处于待业状态,那么可以随时拨打这个电话,但是一定要避开清早(10:00 以前)、午休时间(12:00 到 14:00 之间)和深夜(22:00 以后)这几个时间段。

最后我们要注意的是,如果拨打电话无人接听,那么不要一直拨打,通常拨打两遍即可,然后可以以短信或邮件的方式告知求职者我们的来意,并在最后说明"如果方便请回电"。如果对方回电说明其有面试意向,如果依旧没有回复,那么我们可以把时间和精力放在其他求职者身上。

选择合适的时间才能让事情事半功倍,所以预约电话不是什么时候想打就打,一定要在合适的时间打。

电话预约的有效语言

在进行电话预约的时候,我们应当使用一些有效的语言以提升预约的成功率。电话预约常用的有效语言如下:

请问是×××先生/女士吗？（对方确认）

×××先生/女士,您好。我是×××公司人力资源部×××。我通过×××渠道收到您的简历。您现在方便接电话吗？

(1)确认对方身份"请问是×××先生/女士吗?"

电话接通以后,我们首先要询问对方是不是×××先生/女士,等对方确认,这样做一是确保我们没有打错电话,二是避免候选人误会是诈骗电话直接挂断,特别是对于一些喜欢海投简历的求职者而言,确认其身份显得尤为重要。因为他们会投很多家公司,投递各个岗位,如果电话接通后我们直接说是哪一家公司,对方可能没有印象,会以为是诈骗电话,然后直接挂断。但是如果我们先确定对方的身份,那么他们有可能会继续听下去。

(2)告知自己身份"我是×××公司……您现在方便接电话吗?"

对方确认身份后,这个时候我们就需要"自报家门",告诉候选人我们是谁,通过什么渠道收到简历,这样说首先可以确认对方投递过这个简历,其次可以向对方传递我们是通过正规渠道获得简历的,进一步打消候选人的疑虑,迅速建立信任关系,这样更便于展开沟通;

同时还需要确认一个问题"是否方便接电话",因为不是所有求职者随时随地都方便接电话,对方很可能在忙工作或者其他事情。如果对方不方便,那么可以说"请您方便的时候打给我,我的

电话是 × × × , 分机是 × × × "。然后挂断电话, 或者说"您看什么时候方便, 我到时候再给您打过来, 您看可以吗"。如果对方方便, 那么可以继续沟通, 如"首先感谢您对我们公司招聘信息的关注。我们想约您 × 月 × 日 × 时来公司面试, 不知您是否方便?"对方如果确认, 再通知高层。

电话预约的正确态度

电话预约的态度一定要和蔼可亲, 让对方感受到我们是真正在招贤纳士。如何做到和蔼可亲呢?

电话沟通与面对面沟通最大的区别在于我们看不到人, 只能听到声音, 只能通过声音作出一些判断。心理学中有一个定律叫"55/38/7 定律", 也被称之为"人际沟通定律", 是由心理学家和传播学家艾伯特·梅拉比安提出的, 是指决定一个人印象的 55% 来自外表、穿着、打扮等, 38% 来自讲话时的肢体语言、神态、语气等, 7% 来自说话内容, 如图 3-5 所示。

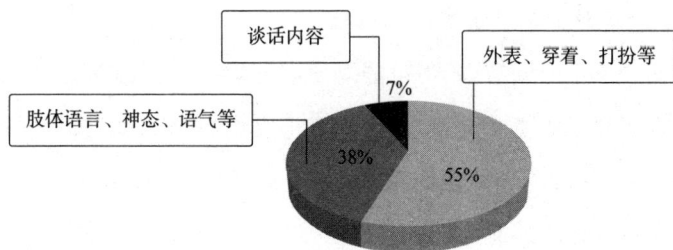

图 3-5　55/38/7 定律

从图 3-5 中可以看出, 讲话时的语气仅次于外表、穿着、打扮,可见其对决定一个人印象的重要性。所以,虽然通过电话预约只能听到声音,但是也可以用语气表达正确的态度,给对方留下一个好印象。

如何通过声音让求职者感知我们和蔼可亲的态度呢?有一个很简单的方法,就是说话时面带微笑。人在微笑的时候,说话的声音会更加温柔、可亲,所以,即便电话沟通时对方看不到我们的面部表情,但是为了表达正确的态度,通话时最好面带微笑。

电话预约的疑难问题

面试是一个双向过程,我们可以通过提问了解求职者的相关信息,求职者也可以通过提问向我们了解公司、岗位的相关信息。求职者很可能会提出一些我们一时间很难回答的疑难问题,为了避免在电话中遇到无法回答的疑难问题,我们在电话预约前就要做好相关准备。

通常,求职者可能会在电话中提出以下几个方面的问题:

(1)应聘者想了解更多的信息

面试官的时间有限,不可能对所有问题一一详细回答,所以如果求职者想了解更多的信息,面试官可以说"具体的信息您可以去公司的官网查询,我们的网站是……"或者"稍后我给您发一份我们公司的介绍手册到您的邮箱"。

(2)应聘者询问工作情况

如果应聘者询问工作情况,我们可以说"您投递简历的时候可以看到公司该岗位的招聘要求,如果您要进一步了解,我可以发一份职位说明书到您的邮箱供你参考"。

(3)应聘者询问薪资福利

如果应聘者询问薪资福利,我们可以先询问对方期望的薪资大概是多少。通常,在谈判的过程中,先报价的一方往往有一定的劣势。作为企业方,我们最好先了解对方期望的薪资福利,然后再进行一个整体评估,并告知应聘者薪资福利待遇,或者告知对方具体的薪资福利需要面谈。

(4)确认求职者是否参加面试

确认候选人是否方便参加面试的时候可以询问"您方便参加面试吗?"然后停顿,等待对方回答。如果对方回答方便,我们可以说"很期待和您见面,再见。"结束电话预约。如果对方不方便参加面试,那么可以适度询问原因。如果对方不愿意透露,那么也要礼貌道谢,再结束通话,如"好的,希望下次有机会合作"。

除了以上几个疑难问题外,可能还会遇到一些我们意想不到的问题,这就需要我们在工作过程中不断积累经验,灵活应对电话预约中求职者可能提出的各种问题。

电话预约的后续工作

不少人在打完所有预约电话后就认为电话预约面试这个工作环节已经顺利结束了,但是到面试那天会发现,明明不少求职者答应来参加面试却都"放鸽子"。为什么会出现这种情况?很可能不是求职者的问题,而是因为我们没有做好电话预约的后续工作。

电话预约工作结束不是预约工作的结束,而是预约工作的开始,电话预约结束后还有一些后续工作等着我们去做。

(1)将面试时间、地点以短信、邮件或其他形式发送给求职者

如果确认求职者方便来公司面试,那么我们应当将面试的具体时间、地点以短信、邮件或其他形式发送给求职者,最好在电话快结束时告知对方"我会将具体的面试时间、地点即相关信息用短信/邮箱的形式发送给您,请注意查收",确保求职者可以看到信息,避免其错过面试。

面试的时间、地点一定要详细具体,时间要具体到某年某月某天具体时间段。

例如,面试时间:2023 年 4 月 22 日上午 10:00—11:00。

地址要具体到路名、门牌号等,最好附上交通方式。

例如,面试地址:××市××区××街道××路与××路交叉口向西 100 米××大厦 1 号楼 A 座 1506 室,乘坐公交 48 路、116 路到×××站下,地铁 2 号线在××站下。

除了面试时间、地点以外,邀约面试的通知还应包含一些基本信息,如公司名称、相关人员的联系方式、面试需要带的资料等。

最后,送上祝福语如"期待跟您见面"。

在发送邀约面试通知的时候,细节做得越好,越能打动求职者,吸引他们前来面试。

(2)将求职者的相关信息传递给用人部门

我们除了要给求职者发送邀约面试的通知外,还要将预约面试成功的求职者的名单、相关资料以及电话预约中求职者关注的一些问题传递给业务部门。在业务部门了解具体情况后,还需要一起协商做好接下来的面试工作。

打电话预约面试看起来很简单,就两个动作——拨通电话个挂断电话,但是在这个过程中的一言一行都会影响预约面试的成败。所以,为了提升电话预约面试的成功率,我们要做好充分的准备工作,要善始善终。

四、准备好面试"武器"

电话预约工作结束后,我们就要正式进入面试环节,在正式面试之前我们需要准备好面试的"武器"。面试的"武器"包括哪些呢?

面试的"武器"主要包括结构化面试中的一些标准问题,还有我们在筛选简历的时候看到的一些"危险"信号。我们可以通过这些"武器"进一步评估候选人的能力,评估他们与招聘岗位的匹配度。

面试导入问题和延伸问题

导入问题是指通过提问打开双方的对话,建立信任关系,促进面试顺利进行。延伸性问题通常是指在结束工作相关方面的提问后,为了进一步了解候选人而提出的问题。我们可以将导入问题理解为提问的开始,将延伸问题理解为提问的结束,两者可以形成一个提问闭环,所以这里将两者放在一起阐述。

(1)面试导入问题

面试开始时,候选人未免有些紧张、局促,这时候面试官就可以通过一些导入问题,与候选人进行简单的寒暄,帮助候选人放松心情,轻松地进入面试。

既然是简单的寒暄,为了帮助对方放松情绪,那么导入问题就不能具有挑战性,也不会涉及太多专业层面的信息。常见的导入问题有以下几个:

问题1,我们这里难找吗?

这个问题表示一种关心,可以迅速拉近彼此之间的距离,打开对话。

问题2,请您简要介绍一下自己的情况?

这个问题没有太多限制,候选人可以根据自身实际情况作简单介绍。通常,一个人在介绍自己的时候往往会挑选最重要、最能体现自身价值的东西说,所以,通过这个问题我们可以看看候选人对自身能力的评估。

问题3,您是从哪里知道我们企业的?

这个问题可以进一步确认候选人是通过哪些渠道获取招聘信息的,可以看看对方是不是做了一些功课,对公司、企业文化、岗位及相关要求是否了解,从而判断其对该岗位的求职意愿是否强烈。

> **问题4,您希望选择一个什么样的企业?**
>
> 这个问题主要看候选个人的偏好和公司的匹配程度。
>
> **问题5,请简单介绍一下你的工作经历。**
>
> 这个问题与"介绍自己的情况"相似,主要是看候选人会挑选哪些有价值、有闪光点的工作经历说,从中可以评估候选人的优势在哪里。
>
> **问题6,您喜欢一个什么样的工作?**
>
> 这个问题是想了解候选人的工作兴趣,可以评估候选人的兴趣爱好与招聘岗位的匹配程度。

(2)延伸问题

为了更加全面、深入地了解候选人,我们可以提出一些延伸问题。延伸问题一般与候选人应聘的岗位没有直接关系,更多是关于候选人潜意识层面的一些问题,是我们在第二章提到的"冰山理论"中藏在冰山以下的深层次的,候选人自己可能都没有意识到的一些问题。通过提问这些问题,可以激发候选人的潜意识,让我们更深入了解候选人的潜能。

常见的延伸问题有以下几个:

> **问题1,别人给你最美妙的称赞是什么?**
>
> 这个问题是为了解其他人如何评价候选人。
>
> **问题2,顾客总是对的吗?**
>
> 这个问题主要评估候选人跟客户打交道时候的态度。

问题 3, 您是怎样看待生活的?

生活中的本我和工作当中的表我之间多少存在一定的联系, 如果候选人对生活的看法与对工作的看法一致, 那么候选人的工作效率应该很高, 而且他会享受这份工作。如果候选人对生活的看法与对工作的看法截然不同, 或者完全对立, 那么候选人的工作效率可能不高, 要很努力才能达到岗位所需要的要求。所以, 通过询问候选人对生活的看法, 我们可以从中推导出其对工作的看法, 从而评估其是否适合这份工作。

问题 4, 您从成功中学到的东西多还是从失败中学到的东西多?

通过这个问题我们可以了解候选人过往工作中成功的次数多还是失败的次数多。如果候选人失败的次数多且能够从失败中总结经验不断完善, 也是一件非常值得肯定的事情, 所以, 这个问题应当综合分析。

问题 5, 谈谈对你影响最深的人, 他们在哪些方面影响了您?

这个问题主要了解候选人的偶像是谁。大多数时候, 人们往往会通过偶像的行为建立自己的行为标准, 通俗地说, 就是效仿偶像的行为、特质和价值观等。所以, 通过了解候选人的偶像也可以了解候选人的一些行为、特质和价值观等。

问题 6, 您认为善与恶的区别是什么? 您认为"保守"有什么积极地方?"管理者"和"领导者"有什么差异? 您认为"有效"的管理者和"成功"的管理者有什么差异? 假如您能够决定自己的命运, 您希望成为什么样的人?

以上这几个问题都是一些非常开放的问题, 我们可以通过这些开放的问题去了解候选人的潜意识, 然后看看这些能力与招聘岗位的匹配程度, 评估候选人是否合适该岗位。

面试官要注意的是,以上问题没有标准答案,仅供面试官参考,因为虽然有些候选人在回答问题中展示的能力与岗位要求不匹配,但是他们可以通过自身的努力实现最终匹配。

有关工作经验方面的问题

导入问题结束后可以提问一些比较落地,有助于进一步了解候选人真实能力的问题。首选可以询问有关工作经验方面的问题。

有关工作经验方面的问题主要包括以下几个方面:

问题1,您以往都从事过哪些工作?

通过这个问题可以了解候选人职业生涯发展的连贯性。

问题2,您曾经做过哪些具体的工作?您在这些工作中的主要贡献是什么?

如果员工做过一些基层工作,不介意职位的高低,且全身心投入,那么说明候选人有较强的事业心。确定员工在这些工作中的主要贡献,是为了确认员工的能力范围。

问题3,在您以往从事的工作中,您最喜欢和最不喜欢它的什么方面?

这个问题主要帮助我们了解候选人对工作具体内容的偏好,然后可以将其跟招聘岗位的一些需求进行匹配,看看候选人是否适合该岗位。

问题4,以您以往的工作经验,您对所应聘的工作有什么把握做好?

面试官可以根据候选人的回答,评估候选人未来的职业发展。

问题5,您认为在以往的工作中,哪一份工作你做得最成功?

这个问题可以帮助我们了解候选人的优势、特长。

问题6,您能够把以往工作的哪些经验用于我们企业的工作?

我们可以通过这个问题了解候选人的思维能力和思辨能力。

问题7,您曾经提出过哪些非常具有建设性的意见?当时您主管的态度是什么?

通过这个问题一是可以了解候选人提意见的能力,二是可以了解其向上管理能力,看其是否可以与上级进行有效沟通。当然这也要看具体的岗位需求,看该岗位希望候选人是一个可以提出建设性意见的人,还是只希望候选人做一颗"螺丝钉"、知情者。

问题8,在您前一份工作中,您做过最值得称赞的重大项目是什么?

通过这个问题也可以进一步了解候选人的优势和能力。

问题9,在您的工作中,日常例行的事务有哪些?大约占您工作时间的比例是多少?

这个问题可以帮助我们了解候选人日常的工作是创新型工作还是事务型、流程性的工作。

问题10,描述一下您部门的组织管理方式和分工情况。

通过这个问题可以了解候选人部门的组织管理方式和分工情况,然后可以与我们公司的组织管理方式和分工情况进行匹配,看看其中体现的组织文化、价值观与我们公司是否匹配。

问题11,在完成任务的时候,您经常遇到的困难是什么,您是如何克服的?

这个问题主要是为了了解候选人在压力或困难下,如何有效自我管理,克服压力和困难。

问题12,在您以往的工作经验中最欠缺的东西是什么?您打算如何弥补?

通过这个问题可以了解候选人的自我认知能力,看他是否能够认知自己的弱势,是否能够想办法改善。

问题13,以您的工作经验,您认为自己适合承担什么职务,为什么?

这个问题也是了解候选人的自我认知能力,基于候选人对自身的评估看看其适合什么工作,然后评估候选人与我们所招聘岗位的匹配程度。

有关工作能力方面的问题

工作能力方面的问题是面试官在面试过程中应重点关注的问题,因为只有深入了解候选人的工作能力才能评估其与岗位的匹配程度,然后作出正确的决策。

常见的有关工作能力方面的问题有以下几个：

问题1，您的长远目标是什么？为什么认为您能够实现它？

这个问题可以帮助我们了解候选人的职业生涯规划以及他在实现这个职业目标时可能会采取的一些措施。

问题2，您认为你在哪些方面的能力可以超越别人？您认为你做哪些事是别人无法与你相比的？

这个问题可以帮助我们了解候选人的自我认知，了解员工的优势和能力。

问题3，您成功的三个主要原因是什么？

这个问题同样可以帮助我们了解员工的自我认知，了解其优势和能力。

问题4，您在以往的工作中是如何解决棘手的问题的？请举一个例子。

这个问题可以帮助我们了解候选人在面对棘手问题的时候是如何有效应对的，了解其问题处理能力。

问题5，在什么情况下您不能按时完成任务？

这个问题可以帮助我们了解候选人在哪些特定环境、条件下不能完成任务，然后对比我们自己公司工作中可能存在的一些挑战，评估候选人的能力与我们招聘岗位的要求是否匹配。

问题6，您是如何调动别人积极性的？

这个问题可以帮我们了解候选人是领导者还是团队合作者，了解他带团队的能力。

问题 7,举一个你失败的例子,您是如何处理的?

通过这个问题可以了解候选人面对逆境的处理方式,通过他的处理方式可以评估其应对失败的能力和心态。

问题 8,作为一个有效的管理者,您认为什么品质最重要?您自己的情况如何?

这个问题主要是帮助我们了解候选人的团队价值观、团队文化,从而评估其与我们公司价值观、文化的匹配程度。

问题 9,您喜欢以什么方式与别人沟通?

这个问题主要帮助我们了解候选人的沟通能力。沟通方式是多种多样的,没有对错之分,但是有有效与无效之分。相对而言,如果候选人喜欢的沟通方式与他的直线经理沟通方式比较一致,那么他们内部因为沟通产生的矛盾可能会比较少,更利于团队协作。

问题 10,您曾经在降低成本、增加利润、提高员工士气、实现产量增长方面提出过哪些有价值的建议?

这个问题可以帮助我们了解候选人思考、总结、发现问题、提出建议的能力。

问题 11,您从自己和别人的失败中吸取了哪些教训?它对您以后的工作有什么帮助?在以往的工作中,您冒过什么风险?其结果是什么?您曾经做过哪些方面的决策?效果如何?

通过以上几个问题可以了解候选人过往工作中所出现的情况,看他应对各种情况采取的措施以及事后的反思、反馈及改善。通过这些也可以了解候选人的一些工作能力。

有关经常跳槽方面的问题

了解候选人的工作经验、工作能力后，我们还需要考虑一个问题，特别是对于一些有丰富的社会工作经验的社招员工，我们一定要评估他们为什么跳槽。因为如果我们公司与候选人原来跳槽的公司有相似的导致其跳槽的问题，那么候选人即便入职其稳定性可能不高，也随时可能跳槽，尤其是新时代的员工，而我们招聘一个合适人才需要花费两三个月的成本，这样无疑会大大增加公司的成本。

常见有关跳槽方面的问题有以下几个：

问题1，您打算在我们公司工作多久？

这个问题比较直接。如果候选人坦白自己的想法，那么他很可能会将自己的计划告诉你，但是具体会工作多长时间，这个没有定数，我们只能了解大致情况。例如，某候选人参加面试的时候坦白地跟面试官讲，自己在企业里可以待到40岁，40岁之后会自己出去创业，但实际上该员工35岁就出去创业了。

问题2，由于您经常变换工作，我们怎么知道您会长期留下来工作？

这个问题虽然具有一定的挑战性，但是可以通过候选人的回答了解员工的想法，看候选人是想在这家公司长期学习和成长，还是只是过渡，然后选择下一个公司。

问题3,对待不公正的批评,您通常采取的方法是什么?

通过这个问题了解候选人在面对不公正的批评时会不会采取跳槽这种方式解决问题,是不是可以自我进行调节,能够进行自我认知和自我改善。

问题4,您是如何应对工作中不可避免的冲突和压力的?

这个问题主要是为了了解在面对不可避免的冲突和压力时,候选人有没有可能选择跳槽。如果候选人能够很好地应对冲突和压力,并且能够进行自我的心理健康管理,那么工作方面的冲突和压力可能就不是导致其跳槽的根本原因。

以上几个问题主要是为了进一步了解可能导致候选人跳槽的原因。实际上,实际工作中导致人们跳槽的原因无非两个:一是薪酬太低;二是人际关系处理不好。但是大多数候选人在面试的时候会尽量去规避这两个方面的原因,即便如此,面试官也要通过一些问题尽量去了解导致他们跳槽的原因是钱的问题还是人的问题。如果是钱的问题,那么并不难,可以根据实际情况协商。但如果是人际关系不好,那么我们就要评估候选人上一份工作导致他跳槽的人际关系和我们公司、团队人际关系情况的相似度,如果相似,那么很可能候选人还会存在继续跳槽的风险。

有关求职动机方面的问题

对候选人的求职动机进行确定,可以进一步了解候选人的求职意向是否强烈。我们可以通过提问以下几个问题评估候选人的

求职动机:

问题1,请描述一下您理想中的工作是什么样?

通过这个问题可以了解候选人理想的工作状态。

问题2,对您来说工作当中最重要的特点是什么?

通过这个问题可以了解候选人的价值观。

问题3,您认为工作职责、工作负荷、上班路程、工资和奖金、工作环境应按照什么顺序来排列?

通过候选人对这几个要素的排序可以了解其求职动机的优先度。例如,有些候选人因为公司换了办公地点,上班路程远了就跳槽,那么路程就是他优先考虑的因素,也就是说,在其他条件都差不多的情况下,候选人会优先选择办公地点离家近的公司。所以,以上几个要素的排序很重要,可以评估候选人的求职动机以及求职动机的优先度。

问题4,您认为最不能容忍的不公平什么?

通过这个问题可以了解候选人在工作中遇到哪些不公平可能是他无法忍受的,从而了解其容忍程度和包容程度。

问题5,您喜欢什么样的领导管理方式?

通过这个问题可以评估候选人喜欢的领导类型和管理方式。

问题6,您喜欢与什么样的同事共事?

通过这个问题可以了解候选人喜欢与之共事的人的特点。

问题 7,您怎么知道我们公司会比较适合你?

这个问题相对较有挑战性,通过这个问题可以了解该候选人对公司及岗位的意愿程度。

问题 8,在您以往的工作中,您感觉到压力最大的事情是什么?

通过这个问题可以了解候选人过去的工作中哪些事情会导致他有压力,这些压力是否会导致其选择新的岗位。

问题 9,您的职业目标是什么?

通过这个问题可以了解候选人的职业规划。

问题 10,您希望从这个职业中获得的最大奖励是什么?

有些人是钱,有些人是成长,有些人是地位,所以不同的人需要的奖励也是不一样的,我们也可以评估对他的激励机制。

问题 11,您认为在一个企业里决定一个人的成功因素是什么?

这里是帮助我们去评估他觉得在工作当中的核心成功因素,那么这个成功因素可能也是他自己比较擅长或者比较投入的。

问题 12,人们说拒绝学习就等于拒绝工作,您怎么看?

通过这个问题可以评估候选人的学习能力以及他未来的工作状态,看他是不断地保持学习习惯,不断成长,还是"做一天和尚撞一天钟"。

有关个人背景方面的问题

关于候选人的背景,我们更多是评估候选人作为一个个体的能力,看他与我们公司整体文化、绩效包括我们的选人标准、胜任力模型的一个匹配程度。

通常可以通过以下几个问题了解候选人的背景:

问题1,您为自己设置什么样的绩效标准?

通过这个问题可以了解候选人对自己绩效的认知以及他对自己的信心。

问题2,您是怎样处理工作中的压力的?

通过这个问题可以了解候选人的抗压能力。

问题3,您需要从上级那里得到什么帮助?

通过这个问题可以了解候选人与上级配合工作的能力以及在个人成长中所需要的支持。

问题4,您喜欢制订计划还是喜欢执行计划?

这算是一个封闭式问题,可以帮助我们了解候选人本身的偏好以及其与我们招聘岗位的需求之间的匹配程度。例如,招聘岗位是计划岗位,那么就希望候选人的偏好是制订计划;如果是执行岗,则希望候选人的偏好是执行计划。

问题5,您希望自己的职业朝哪个方向发展?

通过这个问题可以了解候选人的职业规划。

问题 6,您与别人相处时有什么问题吗?

通过这个问题可以了解候选人的人际沟通能力和人际关系。

问题 7,成功对您意味着什么,失败对您意味着什么?

通过这个问题可以了解候选人看待成功和失败的观念。

问题 8,您最大的优势是什么?

通过这个问题可以了解员工的优势、能力。

问题 9,您给自己的职业能力、品格和工作作风打多少分?

通过这个问题可以了解候选人的自我认知能力。

问题 10,您是一个勇于冒险的人还是寻求保险的人?

通过这个问题可以评估候选人的风险控制能力和风险承受能力。

有关团队合作方面的问题

如果招聘岗位的工作中有大量工作需要团队协作,那么在面试过程中我们还需要了解候选人的团队协作能力。

通常可以通过以下几个问题了解有关团队合作方面的问题:

问题 1,请给合作下定义。

通过这个问题可以了解候选人是如何与团队成员合作的。

问题 2,您喜欢与什么人一起工作?

这个问题可以帮助我们了解候选人与团队成员之间的人际关系。

问题 3,您觉得与您难合作的人是什么类型的人？

通过这个问题可以了解候选人不擅长打交道的人物类型,然后可以与招聘岗位的团队情况进行匹配。

问题 4,您喜欢一个人干还是喜欢和别人一起干？

通过这个问题可以了解候选人的团队协作能力和合作意愿。

问题 5,您是如何与自命不凡的人打交道的？

通过这个问题可以了解候选人处理人际关系的能力。

问题 6,谈谈您作为团队成员对团队所取得成就的感受？

这个问题的言外之意是,团队合作获得成就之后,候选人是如何理解个人和团队之间的关系的。通过这个问题可以进一步了解候选人的团队意识。

有关工作压力方面的问题

工作中难免会遇到来自各方面的压力,如果候选人的抗压能力不强,那么可能会影响其工作效率,甚至会导致他们跳槽。为了避免这种情况发生,面试官在面试时就需要了解候选人的抗压能力。

通常可以通过以下几个问题了解候选人的抗压能力:

问题 1,您认为诚实是最上策吗？

通过这个问题可以了解候选人是否能真诚地表达自己。

问题 2，请描述一下什么样的工作环境或者氛围会让您感觉不舒服？

通过这个问题可以了解候选人对工作环境或者氛围的偏好。

问题 3，您是否曾经为一个不公正的上级工作，请谈谈具体情况。

不公正通常意味着压力，我们可以通过这个问题了解候选人是如何面对压力的，抗压能力如何等。

问题 4，您在工作当中经常担忧的事情有哪些？

通过这个问题可以了解候选人的压力源。

问题 5，您是如何应对不愉快的事情的，请举例。

通过这个问题可以了解候选人遇到压力时会采取哪些应对措施。

五、面试前的 10 分钟

为了以更好的状态进入面试，面试官在面试前的 10 分钟应做好两件事，前 5 分钟阅读简历，后 5 分钟检查工具。

前 5 分钟阅读简历

在开始面试之前，建议各位面试官都将简历阅读一遍，特别是招聘岗位的直线经理，更需要花时间阅读简历，初步熟悉候选人的相关情况。

在阅读简历时,面试官应重点关注以下两个方面的问题:

(1)简历中"危险"信号

在本章第一小节中我们提到简历中会有一些"危险"信号,筛选简历的人员会在简历中对这些"危险"信号进行备注。面试官,尤其是直线经理更应当熟悉这些"危险"信号并标记出来,在后面的面试中一一提问并确认。

(2)直线经理关注的问题

直线经理跟简历筛选人员关注的问题可能不同,所以在阅读简历时直线经理应当根据部门要求和岗位要求确认简历中的重点问题,然后在面试中展开询问。例如,直线经理非常看好其中一位候选人,但是其简历中的某项能力并没有达到岗位要求,那么直线经理可以在简历中备注,然后在面试中进行确认。

总之,面试官应将所有候选人的简历都阅读完,然后根据岗位要求或其他要求在简历中备注重点问题,便于面试中进一步确认。

后5分钟检查工具

阅读完简历后,面试官还要花时间检查工具,确保面试工作可以按照预期顺利地进行。一般来说,面试前需要检查以下几个工具:

(1)简历

面试官要按照预约名单准备好所有候选人的简历,避免出现候选人面试时找不到其简历的尴尬局面。

此外要注意的是,面试官最好不要将所有简历都堆放在桌面上,建议桌面只保留当前应聘者的简历,否则对方会认为参加这次面试的人很多,会感到压力倍增,影响面试效果。

(2)公司宣传手册和资料

公司宣传手册和资料是公司文化和形象的传播工具,可以让候选人更加全面、深入地了解公司。

(3)名片或其他联系方式

有些时候,如果招聘的是一些初级职位可能不需要派发名片;如果招聘的是高级职位,那么可以将名片准备好,作为公对公的交流,提升面试成功率。不过在移动社交时代,人们用名片的概率越来越少了,所以面试官不一定要准备名片,也可以将自己的社交账号告知对方。

(4)白纸、面试记录本

白纸和面试记录本可以用来记录面试官要提的问题以及候选人的回答,所以是必不可少的工具。

除了以上几个工具外,在面试前面试官还要将手机、电话调成静音,并保持会议室清洁,以给候选人营造一个安静、舒适的面试环境。

不同的类型的面试需要的工具可能不同,所以面试官应根据面试的实际情况准备并检查工具,使面试工作可以事半功倍。

第四章　首轮面试：快速识人的面试技巧

"良好的开始是成功的一半"，首轮面试官应掌握快速识人的面试技巧，认真做好首轮面试工作。

场景演练

候选人进入了面试的会议室，首轮面试官在经过基本的寒暄和自我介绍后，准备开始面试。面试官能感觉到候选人似乎有一些紧张，他的双手一直不停地搓着，这种状态可能不利于接下来的面试效果。于是面试官微笑着说："不必紧张，可以放松些。"然后才开始进行面试。

在面试的过程中，面试官询问候选人："在过去的工作经验中，有没有因为某件事与上级沟通不畅而产生冲突？最终您是如何处理的？"

候选人回答道："通常我都会配合领导的要求，几乎没有产生冲突的情况，不过工作中也有过一些小小的抱怨。有一次快下班了领导突然给我布置了一个很紧急的工作任务，当时我抱怨为什么下班时间安排任务。但是我也能理解，因为这种突发情况谁也控制不了，所以最后我坚持加班完成了任务。"

…………

经过一轮面试后，面试官发现候选人并不是很合适招聘的这个职位，于是告知候选人面试结果会以电话或邮件的形式通知，请注意查收。最后面试官询问候选人是否还有其他问题或想知道的信息，如果没有，那么面试到此结束。

一、首轮面试官的定位

首轮面试官在整个面试过程中扮演着十分重要的角色,能够在源头上为选拔优秀人才把好关,所以,我们要精准地定位首轮面试官,明确哪些人适合做首轮面试官并清楚首轮面试官需要规避的问题。

哪些人适合做首轮面试官

因为首轮面试官要为整个面试定下基调,把握正确的方向,所以我们要谨慎地选择这个角色。那么,哪些人适合担任这个角色呢?

一般情况下,我们会根据招聘岗位的性质确定首轮面试官的人选。

(1)初级岗位

通常,初级岗位由于需要筛选的人数比较多,工作量较大,且一般申请初级岗位的候选人经验比较少,不会提出太多具有挑战性的问题,因此,如果招聘的是初级岗位,那么建议安排初级人力资源相关人员(拥有 1~3 年工作经验的专员、助理等)负责首轮面试。

(2)中高级职位及一些稀缺岗位

如果招聘的是中高级职位及一些稀缺岗位,那么我们很可能处于比较被动的卖方市场,这种情况下,我们就需要安排高级人力资源相关人员(拥有 3 ~ 5 年工作经验的资深经理)负责首轮面试，这样一方面可以让候选人感到企业的重视，另一方面也可以通过经验丰富、能力较强的面试官更好地做好企业的对外宣传工作。

首轮面试官由谁担任并不是固定的、绝对的，具体安排哪些人担任首轮面试官还应根据招聘岗位性质、招聘规模大小等实际情况而定。总之，首轮面试一定要安排合适的首轮面试官，为接下来的面试工作把控大局。

首轮面试官需要规避的问题

心理学中有个著名的效应叫"首因效应"，又称"第一印象效应"，是心理学家洛钦斯首先提出的，是指交往双方形成的第一印象对以后交往关系的影响。虽然第一印象并非正确，但却是最牢固、最鲜明的，并且决定着以后双方交往的进程。首轮面试中也存在"首因效应"。为了给候选人留下良好的印象，面试官在面试的过程中需要规避以下几个问题，如图 4-1 所示。

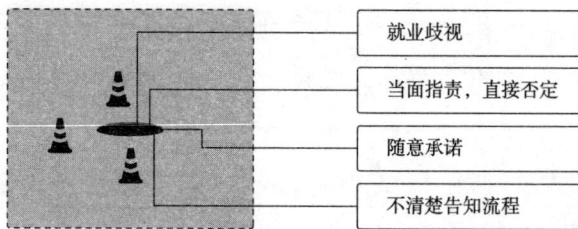

图 4-1　首轮面试官需要规避的问题

就业歧视

当面指责，直接否定

随意承诺

不清楚告知流程

(1)就业歧视

就业歧视主要包括民族、性别、户籍、身高、身体缺陷等，这些问题是候选人最忌讳的问题。一旦候选人面试的时候遇到此类问题,他们就会感觉到面试官对自己的不尊重。最终的结果很可能是,即便候选人跟岗位的匹配度较高,候选人的求职意向比较明确,也会因为就业歧视问题而放弃这家公司。

> 某面试官在首轮面试进行到一半的时候提问候选人:"您的户籍是本地吗?"
>
> 候选人回答:"不是,我不是本地人,户口在老家。"
>
> 面试官迟疑说:"嗯……那这可能不太适合我们这个岗位,我们还是想找一个户籍是本地的。"
>
> 候选人一脸疑惑并有些气愤地问:"户籍不在本地跟是否胜任这个岗位有什么关系吗?"
>
> 面试官回答:"这个我不方便说。"
>
> 候选人回应说:"你这是严重的就业歧视,新时代怎么还有这样的公司呢?"

就业歧视实际上不仅是面试官与求职者之间的问题,更是社会层面的问题,这个问题的影响范围非常广。如果候选人在求职的时候遇到就业歧视问题,那么他们很可能不愿意加入这家公司,并会将这个问题发布到网上与网友一起探讨,这将会给公司造成非常严重的负面影响,不仅可能导致公司招聘不到合适的人才,还可能会造成其他方面的损失。所以,就业歧视是一定要在首轮面试中规避的问题。

（2）当面指责，直接否定

面试本身就是一个互相了解的过程，所以面试官应心平气和，摆正姿态，平等与候选人沟通，而不能因为对候选人的表现不满意就不留余地地当面指责，直接否定。例如"我完全不认同你的想法""你确定你是这个专业毕业的？这个问题你回答得十分不专业"……这样当面指责，直接否定候选人，不仅会严重打击候选人，还会影响候选人的决策。

（3）随意承诺

随意承诺是指面试官在面试的过程中仅凭个人想法对候选人作出承诺，例如承诺候选人一定会被录用，或者录用后一定会给出高报酬高福利等。

某面试官与候选人在首轮面试中沟通十分顺利，候选人与岗位也十分匹配。于是面试官承诺候选人一定会被录用，并告知其可以向原单位申请离职。于是，面试结束后候选人立即向原单位提交了离职申请，办理了离职手续，但是却迟迟未收到面试官的录用通知，于是便询问面试官什么时候可以办理入职。

面试官支支吾吾地告知候选人："业务部门的领导还在考虑中，暂不确定是否录用，建议可以再看看其他工作。"

候选人很气愤地质问面试官："当初面试的时候是你承诺说一定会录用我，并且催我向原单位提交离职申请。现在我已经离职了，你这边又说不确定是不是录用我，你这样严重损害了我的利益，我要投诉你们。"

敢于承诺是一件好事,但是随意承诺并不是值得提倡的事情。案例中的承诺就是典型的随意承诺,不仅会让面试官与求职者陷入尴尬的局面,损害求职者的利益,甚至还会给公司带来法律风险。

(4)不能清楚告知流程

通常来说,面试都有一定的流程,例如本次面试一共有多少轮,每一轮面试的形式是什么,通过与否将会以什么样的形式通知等。如果候选人在首轮面试的时候不清楚这些流程,或者需要多方打听才略知一二,那么很可能导致他们错过接下来的面试。所以,为了避免这种问题产生,首轮面试官一定要将面试的流程清楚、具体地告知候选人。

除了以上几点,首轮面试官还要多关注、多留意面试过程中的各种事情,应尽量解决候选人的各种疑问,确保面试按照既定流程顺利推进。

二、电话面试法

电话面试法是指通过电话进行简单沟通,了解候选人的大体情况,通常用于初试,属于一种排除性的面试法。因此,面试官在电话面试中需要侧重的问题不是候选人各个方面的能力如何、是否录用,而是考虑候选人是否能进入下一轮面试,或迅速筛除那些不合适招聘岗位的候选人。

电话面试前的准备

虽然电话面试只是一个简单的初试,但是要想达到迅速筛除不合适的候选人的效果,面试官就要做好充分的准备工作。通常,面试官在进行电话面试之前应做好以下几项准备工作,如图 4-2 所示。

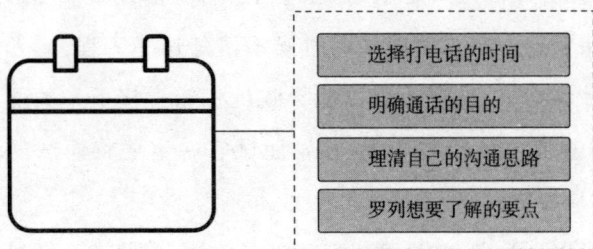

图 4-2 电话面试的准备工作

(1)选择打电话的时间

电话面试的时间应尽量安排候选人比较方便的时候。例如,如果候选人的简历中说明其当前处于在职状态,那么最好选择下班时间或其他休息时间拨打面试电话;如果候选人是应届毕业生,那么建议将电话面试时间安排在 16:00—18:00,因为很多学校 16:00 之后当天的课程差不多都结束了。

除了要选择合适的打电话的时间,面试官还要注意控制通话时间,一般建议电话面试的时长不超过 20 分钟。如果通过沟通很快发现候选人不符合招聘岗位,那么可以尽快结束电话面试。

（2）明确通话的目的

进行电话面试之前,面试官一定要明确通话的目的,否则电话面试很可能变成没有意义的闲聊,对面试工作没有任何帮助。通话的目的其实很简单,就是通过与候选人进行简单沟通了解候选人的一些基本信息,然后通过这些信息对候选人进行初步的筛选和甄别,最后确定哪些候选人可以继续参加下一轮面试,哪些候选人可以直接筛除。

（3）理清自己的沟通思路

一些面试官,尤其是经验不是很丰富的面试官,在面试的时候思维很容易被候选人干扰,最后想问的问题没问,想了解的信息也没有了解,导致电话面试无效。所以在进行电话面试之前,面试官要根据通话目的、招聘岗位的要求等理清自己的沟通思路,明确要讲哪些内容,先讲什么后讲什么。例如,先让候选人进行简单的自我介绍,再确认某些问题……

（4）罗列想要了解的要点

在电话面试的过程中,面试官可以通过一些要点进一步了解候选人,然后依据这些要点对候选人进行初步筛选和甄别。为了避免在面试的过程中忘记想要了解的要点,面试官在进行之前应将想了解的要点罗列出来。例如,是否有相关的岗位经验,是否具备岗位要求的某种能力等。

做好电话面试前的准备工作,不仅可以帮助面试官有条不紊地开展面试工作,还可以展示面试官的专业能力,进一步激发候选人的求职意愿。

电话面试如何开场

一个轻松、礼貌的开场能够促进电话面试顺利进行。通常,电话面试的开场中主要包含以下几个方面的内容,如图4-3所示。

图 4-3　电话面试开场包含的内容

(1)询问候选人是否方便沟通

电话接通后,首先应询问候选人是否方便沟通。如果候选人方便沟通,那么我们可以按照既定流程推进面试;如果对方不方便沟通,那么要询问其方便沟通的时间并约定再次沟通的时间。

(2)向候选人进行自我介绍

确定候选人方便接电话后,面试官紧接着就要向候选人专业地进行自我介绍,这个自我介绍包括介绍公司和面试官自己,一般建议用一两句话概括,让对方知道是谁打来的即可。例如,"××您好,我是××公司人力资源部的××。"

(3)说明来电目的

进行自我介绍后,下一步就要清晰地说明来电目的,确认候选人是否愿意继续沟通。例如,"在××招聘网站上收到您投递我们××岗位的简历,想跟您进行简单的沟通。"很多时候候选人可能收到了其他家公司的录取通知,或者已经改变主意不想加入我们公司,那么通过明确来电目的还可以节省彼此的时间。

(4)介绍职位情况

如果候选人有意愿继续沟通,那么接下来我们要准确、快速地向候选人介绍招聘职位情况。向候选人介绍职位情况一是确认对方是否投递该职位,二是加强对方对应聘职位的印象,有利于进一步的沟通。

为了展示面试官的专业性,在电话开场环节乃至整个面试环节,面试官都要做到语速适中、言简意赅、自信且稳重。

确认候选人信息

进行简单的开场白后,面试官接下来要做的是确认候选人信息。面试官一般需要确认候选人以下几个方面的信息,如图4-4所示。

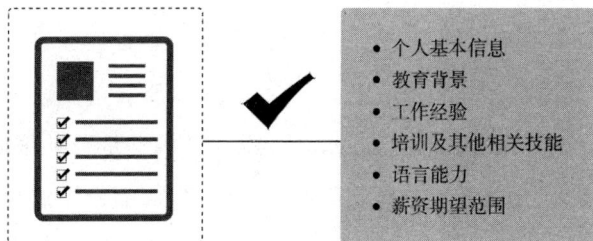

- 个人基本信息
- 教育背景
- 工作经验
- 培训及其他相关技能
- 语言能力
- 薪资期望范围

图4-4 确认候选人的信息

（1）个人基本信息

候选人的个人基本信息主要包括姓名、出生年月、婚姻状况、是否接受异地工作等。

（2）教育背景

一些岗位对候选人的学历有一定的要求，所以在面试的时候面试官要向候选人确认教育背景，主要包括候选人的学历和所学习的具体专业。

（3）工作经验

工作经验是指候选人过往从事的工作，包括具体的起始时间和职位。如果面试官在确认候选人工作经验的过程中发现候选人存在工作断层的问题，那么一定要询问清楚其工作断层的具体原因，这也是是否录用的依据之一。

（4）培训及其他相关技能

确认候选人参加过哪些培训以及其他相关技能，便于更加全面地了解候选人的能力。例如，候选人是否参加过招聘岗位的相关培训，除岗位必备的技能外还具备哪些相关技能。

（5）语言能力

工作离不开沟通、交流，所以无论是什么层级什么职位的候选人，语言能力都是其必备的能力。为此，面试官在与候选人沟通的过程中一定要认真聆听对方的表达，观察其表达是否有逻辑性，是否条理清晰，是否能够准确地传递自己的想法，从而评估候选人的语言能力。

(6)薪资期望范围

薪资是候选人比较关注的问题之一,也是面试官需要在电话面试中向候选人确认的事情之一。例如,"想了解一下您期望的薪资范围。"如果候选人期望的薪资范围与该岗位能提供的薪资存在很大差距,那么应当告知候选人。如果候选人不能接受,那么就可以不必再继续花费时间沟通,电话面试可以礼貌结束。

在电话面试中要向候选人确认哪些信息并没有特定要求,面试官可以根据岗位胜任力模型选择需要确认的问题。总之,无论确认哪些问题,其目的都是深入了解候选人,筛选与岗位相匹配的人才。

面试官注意事项

为了提高电话面试效果,面试官在进行电话面试时应注意以下几个事项,如图 4-5 所示。

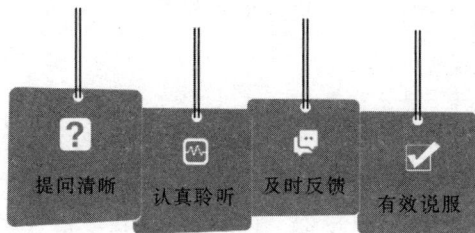

图 4-5　面试官注意事项

(1)提问清晰

在进行电话面试的过程中,面试官通常会通过一系列的提问向候选人确认相关信息。面试官提出的问题越清晰,越利于其获取想要了解的信息,并据此对候选人作出准确的评估。

例如，"您以后会一直从事这个行业的工作吗?"这种提问就不是十分清晰，会让候选人一头雾水。清晰的提问应当是"您的中长期职业发展规划是什么?"

所以在提问之前，面试官一定要明确自己提问的目的，然后根据目的提出清晰的问题。

（2）认真聆听

电话面试是一个双向沟通的过程，所以面试官不仅要做到提问清晰，还要认真聆听，把握候选人说的要点。

例如，在谈到短期职业规划的时候选人回答"我从事这个行业已经有三年了，经验比较丰富，掌握了一定的知识和技能，希望在新的岗位上有所突破，一年内可以实现晋升。"面试官认真聆听就可以从这段话中捕捉到要点"一年内可以实现晋升"。如果该岗位一年内很难帮助候选人实现晋升这个愿望，那么面试官就要与候选人进行进一步的沟通，解决这个问题。

（3）及时反馈

及时反馈也是促进面试顺利进行的有效方法，尤其是电话面试。在电话中进行沟通的时候，面试官要对候选人提出的问题或者给出的回答及时给予反馈。例如，"是的，我很认同您的说法""好的，我了解了您所表达的意思"。同时，还可以针对某些想要进一步了解的问题恰当地进行追问，如"如果我们可以满足您这个要求，那么您可以……"。

（4）有效说服

电话面试中会出现这样一种情况，经过沟通后，候选人没有表现出对招聘岗位的兴趣,但是面试官认为这位候选人与招聘岗位非常匹配,这个时候面试官就要运用适当的方法说服候选人。一般来说,面试官可以向候选人强调岗位的优势、发展前景等,让候选人接受和认可并且愿意参与下一轮面试。

例如,"这个岗位是我们公司的一个核心岗位,所以公司非常重视这个岗位,对这个岗位投入的精力也比较多,会重点培养这个岗位的人才。公司每年会安排 2~3 次专业培训,培训师是行业顶尖人才⋯⋯电话里可能表述不是很清楚,所以想邀请您来公司面谈,这样您可以进一步了解这个岗位以及我们公司。"

总之整个电话面试过程中,面试官都要认真、谨慎对待候选人提出的问题和其表达的想法,这样才能促进沟通顺利进行,达到理想的面试效果。

电话面试的后续行动

面试官挂断电话后并不意味着电话面试结束了,电话面试后还需要采取一些后续行动,后续行动主要有两个:合不合适和要求推荐。

(1)合不合适

电话面试结束后,面试官需要根据与候选人沟通中了解的信息对候选人进行评估,评估其与招聘岗位胜任力模型的匹配程度,判断其是否适合该岗位。如果合适,那么就要打电话预约下一步面试。

(2)要求推荐

面试官还可以让候选人帮忙推荐优秀的人才。要知道,我们作为面试官不仅仅是面试候选人，还要学会积极主动拓展选拔人才的渠道，优秀的候选人帮忙推荐就是一个非常好的渠道。面试官要注意的是，一般不要说是候选人当前面试的岗位在招聘，这样容易让候选人认为推荐的人会成为自己的竞争对手，于是便不愿意推荐，所以，在询问有没有合适的人推荐时可以说："身边是否有朋友在找工作，我们还有一些其他岗位在招聘。如果有，可以推荐给我们，公司对于推荐人还会给予一定的福利。"

电话之后的后续工作往往决定了整个电话面试的最终结果，所以挂断电话之后，面试官就要立即采取后续行动，让电话面试可以善始善终。

三、无领导小组讨论面试法

无领导小组讨论面试法是面试考察法的一种，因其形式新颖、有趣，越来越被企业认可，无论是公务员面试还是企业面试都青睐这种面试方法。

什么是无领导小组讨论面试法

虽然无领导小组讨论面试法是很多企业青睐的面试方法，但是仍有一些面试官对这种面试方法缺乏了解，因此在面对这种开放式、灵活的面试方法时不知道如何着手，最终导致无法精准识别人才甚至错失人才。所以，面试官在采取无领导小组讨论面试法时，必须先深入了解什么是无领导小组讨论面试法，包括其定义、适用场景和对象、优势与劣势等。

无领导小组讨论面试法是一种采用情境模拟的方式对候选人进行集体面试的面试考察方法,具体是指面试官安排一群候选人组成一个临时工作组来讨论给定的问题并作出决定,整个过程不指定任何人负责,完全由小组成员自由讨论、自由发挥,目的是考察候选人在模拟任务环境下的表现,特别是领导力、组织力、演讲力等方面的能力,然后根据招聘岗位的要求选择合适的候选人进入下一轮面试。

任何一种面试方法都存在一定的局限性,通俗地说,无领导小组讨论面试法并非适用于所有场景和对象,因此面试官在采取无领导小组讨论面试法时应了解其适用场景和对象,如图4-6所示。

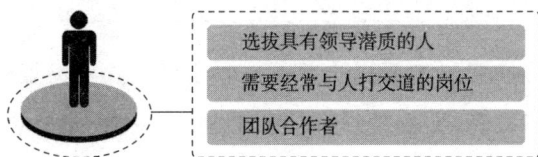

图4-6　无领导小组讨论面试法的适用场景和对象

无领导小组讨论面试法的适用场景和对象越来越广泛,概括来说,这种面试法比较适用于以下几种场景和对象:

①选拔具有领导潜质的人

无领导小组讨论面试的整个过程中没有指定任何负责人,这个时候要使讨论顺利、有序地进行下去就一定会出现一个主持大局、带领大家有条不紊地将此次讨论完成的人,这个人就具有一定的领导潜质,可以作为领导者(比较适用于选拔中高层领导者储备)的候选人。

②需要经常与人打交道的岗位

通过无领导小组讨论面试法可以评估候选人的沟通交流能力、随机应变能力、处理问题的能力等,适用于需要经常与人打交道的岗位,如人力资源管理人员、行政管理人员、营销人员等。

③团队合作者

通过无领导小组讨论面试法可以评估候选人的团队协作能力,适用于对团队协作能力要求较高的岗位,如律师或者其他需要协作执行的岗位。

无领导小组讨论面试法并不局限于以上几种场景和对象,面试官可以积极尝试、探索更多的适用场景和对象,为企业选拔合适的人才。

虽然无领导小组讨论面试法是很多面试官推崇的面试方法,但是我们还是应当辩证地看待这种方法,要了解其优势与劣势,然后根据实际场景和对象决定是否选择这种面试方法。无领导小组讨论面试法的优势与劣势,如图4-7所示。

明确什么是无领导小组讨论面试法是使用该方法开展面试工作的关键,如果面试官对该方法了解尚浅,那么请不要贸然使用,最终可能既增加招聘成本又错失人才。

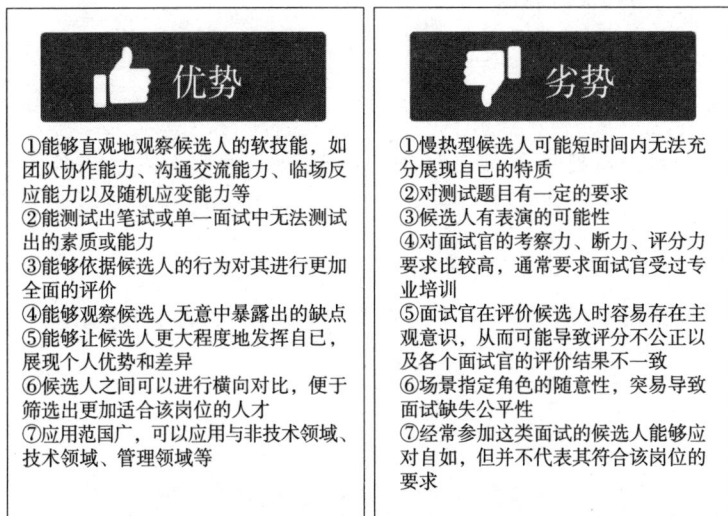

优势	劣势
①能够直观地观察候选人的软技能,如团队协作能力、沟通交流能力、临场反应能力以及随机应变能力等 ②能测试出笔试或单一面试中无法测试出的素质或能力 ③能够依据候选人的行为对其进行更加全面的评价 ④能够观察候选人无意中暴露出的缺点 ⑤能够让候选人更大程度地发挥自己,展现个人优势和差异 ⑥候选人之间可以进行横向对比,便于筛选出更加适合该岗位的人才 ⑦应用范围广,可以应用与非技术领域、技术领域、管理领域等	①慢热型候选人可能短时间内无法充分展现自己的特质 ②对测试题目有一定的要求 ③候选人有表演的可能性 ④对面试官的考察力、断力、评分力要求比较高,通常要求面试官受过专业培训 ⑤面试官在评价候选人时容易存在主观意识,从而可能导致评分不公正以及各个面试官的评价结果不一致 ⑥场景指定角色的随意性,突易导致面试缺失公平性 ⑦经常参加这类面试的候选人能够应对自如,但并不代表其符合该岗位的要求

图 4-7　无领导小组讨论面试法的优势与劣势

无领导小组讨论面试的流程

无领导小组讨论面试通常采用情境模拟的方式对候选人进行小组面试,具体面试流程如图 4-8 所示。

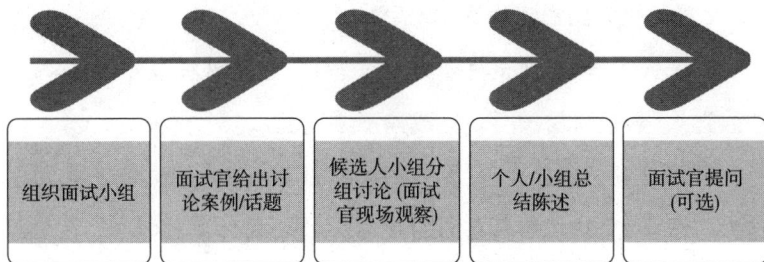

| 组织面试小组 | 面试官给出讨论案例/话题 | 候选人小组分组讨论(面试官现场观察) | 个人/小组总结陈述 | 面试官提问(可选) |

图 4-8　无领导小组面试的流程

(1)组织面试小组

无领导小组一般由一定数量的候选人(6~9人)组成。组织好面试小组后,面试官或工作人员要将候选人带入会议场所,并安排他们自由落座或者通过抽签的形式决定候选人入座的具体位置。候选人落座后,面试官或工作人员要一一仔细核对候选人的信息,如姓名、座位号、面试编号等,以免评分打错。

通常可以按照以下的形式布置面试座位,如图4-9所示。

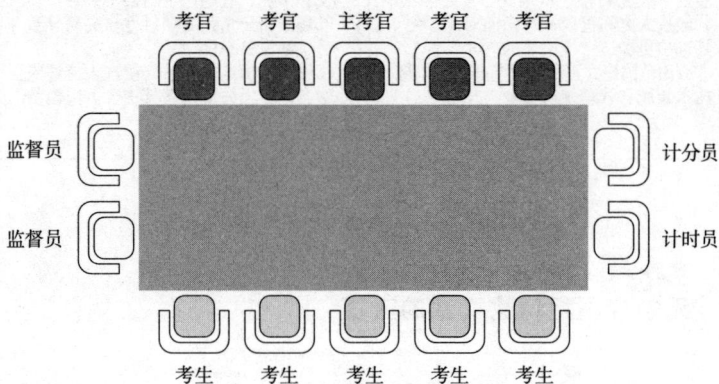

图4-9 无领导小组的座位布置

(2)面试官给出讨论案例/话题

候选人入座后,面试官要将考试题目、注意事项及相关要求告知候选人,候选人需按要求完成接下来的面试。

题目设置一定要合理,要与招聘岗位相关,且能够充分调动候选人的思维,反映他们各方面的能力。如果题目比较复杂,涉及资料比较多,那么最好打印出来,人手一份,并留10~20分钟给候选人阅读材料,具体时间应根据材料的难度和长度适当调整。

最后需要向候选人确定是否还存在疑问,如果没有请开始作答。

(3)候选人小组分组讨论(面试官现场观察)

小组讨论之前要根据实际人数和面试问题的难易程度确定小组自由讨论的时间,通常小组讨论问题的时间在 50 ~ 90 分钟,个别工商管理硕士(MBA)管培生的项目中无领导小组讨论面试时间甚至会长达 48 小时(通常会把时间分成两天进行,每半天为一个讨论阶段,每个阶段为 2 ~ 3 个小时,而讨论时间之外的时间为休息时间,同时也是候选人自由讨论的时间)。

在讨论过程中,面试官无须定负责人,也不用指定讨论规则,更不要参与其中,要让候选人自行组织安排。在小组成员讨论的过程中,面试官评审团可以观察候选人在有效执行、组织协调、口头表达、辩论说服力等方面的能力和素质是否符合拟定职位的要求,以及其自信心、进取精神和情绪稳定性、反应灵活度等性格特征是否符合应聘职位的群体氛围和组织文化,并由此综合评估候选人之间的差异。

(4)个人/小组总结陈述

讨论时间结束后,候选人依照规定顺序或自行安排顺序进行个人总结陈述,阐述自己的观点、想法,时间通常为 3 ~ 5 分钟,常见为 3 分钟。

除了个人总结这种形式外,还可以进行小组总结陈述,由小组中的一位候选人对整个小组的观点进行总结陈述,展示他们通过讨论得来的想法、观点、结论等,时间也为 3 ~ 5 分钟。

这个环节具体采取什么形式进行可由面试官根据实际情况自由选择。

(5)面试官提问(可选)

面试官提问是指个人或小组总结陈述结束后,面试官就整个过程向候选人提出一些自己想了解的问题,以进一步了解候选人,评估其是否适合该求职岗位,这个环节是可选项,是否需要进行这一步可由面试官根据实际情况选择。

面试结束后,面试官评审团要仔细统计各个候选人的分数,并根据岗位相关要求以及各位面试官的意见等选拔合适该职位的候选人进入下一轮面试。

四、沙盘推演面试法

沙盘推演,又称"沙盘模拟",源自西方军事上的战阵沙盘推演,后被企业运用于人才选拔和培训发展。

什么是沙盘推演面试法

沙盘推演是一种新型的面试法,也是能够直观考察候选人综合能力的面试法。

沙盘推演面试法与无领导小组讨论法类似,只是将无领导小组中面试官给出的讨论案例/话题变成了标准化推演的沙盘。面试官可以根据需要考察候选人的能力项设计沙盘模拟项目,例如有关目标制定、执行力和时间管理的沙盘适用于应届管培生。

一般情况下,面试官会倾向于将沙盘推演这个面试环节放在一轮面试或者二轮面试中,便于直观地观察候选人是否具备招聘岗位要求的能力,然后快速作出是否安排候选人进入下一轮面试的决策。

沙盘面试法使用的场景和对象主要有两种,如图4-10所示。

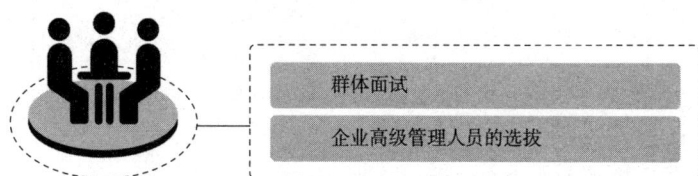

群体面试

企业高级管理人员的选拔

图4-10 沙盘面试适用的场景和对象

(1)群体面试

当面试的候选人比较多时,首轮面试需要聚焦的重点问题是迅速筛除不符合招聘岗位要求的候选人,针对岗位要求设计沙盘推演项目便可以达到这种效果。

(2)企业高级管理人员选拔

如果企业需要招聘的是高级管理人员,那么就要考察高级管理人员的一些特定能力,如领导能力、管理能力,这个时候面试官就可以根据领导、管理能力等设计一个沙盘推演项目,然后可以通过观察候选人的表现,评估其是否具备管理岗位所需的领导力、管理能力等。

沙盘推演是一种新型的面试法,其适用场景和对象或许不止以上两种,面试官可以根据实际情况在不同的场景使用沙盘推演法,或许能达到意想不到的效果。

沙盘推演面试法的优势和劣势,如图 4-11 所示。

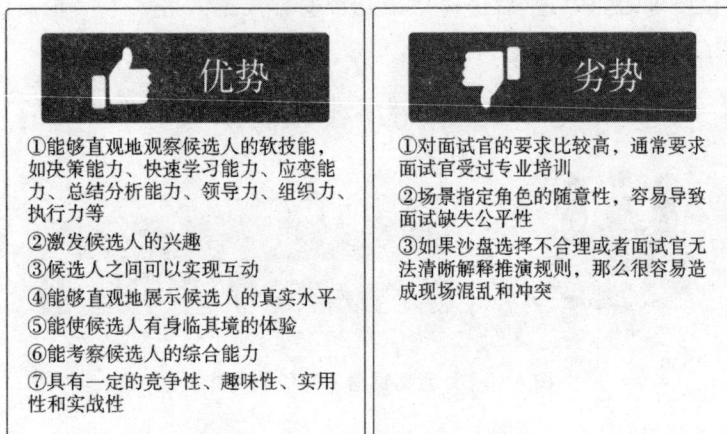

👍 优势	👎 劣势
①能够直观地观察候选人的软技能,如决策能力、快速学习能力、应变能力、总结分析能力、领导力、组织力、执行力等 ②激发候选人的兴趣 ③候选人之间可以实现互动 ④能够直观地展示候选人的真实水平 ⑤能使候选人有身临其境的体验 ⑥能考察候选人的综合能力 ⑦具有一定的竞争性、趣味性、实用性和实战性	①对面试官的要求比较高,通常要求面试官受过专业培训 ②场景指定角色的随意性,容易导致面试缺失公平性 ③如果沙盘选择不合理或者面试官无法清晰解释推演规则,那么很容易造成现场混乱和冲突

图 4-11　沙盘推演面试法优劣势比较

沙盘推演面试法是一种新型的面试方法,所以面试官更应多花一些时间去认识这种方法,在深入认识的基础上才能加以有效运用。

沙盘推演面试的流程

沙盘推演面试法整个流程的时间大约 1～3 个小时,具体时间应视沙盘的复杂程度而定。沙盘推演面试的具体流程,如图 4-12所示。

(1)面试官介绍沙盘及推演规则

沙盘推演面试开始后,面试官要向候选人详细介绍沙盘的具

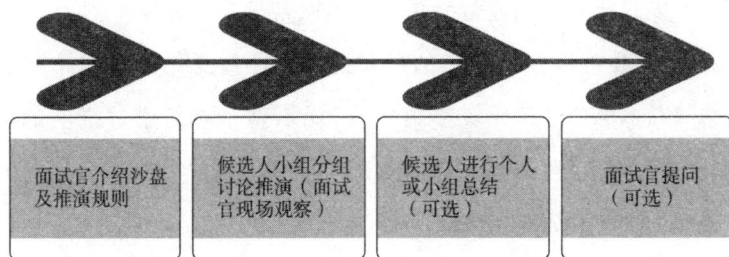

| 面试官介绍沙盘及推演规则 | 候选人小组分组讨论推演（面试官现场观察） | 候选人进行个人或小组总结（可选） | 面试官提问（可选） |

图 4-12　沙盘推演面试的流程

体情况及推演的相关规则,候选人需要按照相关规则完成接下来的面试。

　　沙盘通常比较复杂,里面涉及很多角色和规则,候选人一时间很难记住,所以最好将相关资料打印出来,人手一份;然后根据沙盘的复杂程度预留一定时间给候选人阅读资料,让候选人做好相关准备。

　　(2)候选人小组分组讨论推演/面试官现场观察

　　沙盘推演面试法分组通常根据沙盘的具体情况分组,通常是3~5人一组,候选人可自主认领角色;分组结束后小组根据沙盘的具体情况和相关规则展开自由讨论。与无领导小组面试法相同,在小组成员讨论的过程中,面试官不参与,也不指定负责人,但是面试官要观察候选人在现场的表现,然后据此评估候选人的相关能力是否符合招聘岗位的要求。

　　(3)候选人进行个人或小组总结(可选)

　　讨论推演结束后,候选人要依照规定的顺序或自行商议的顺序进行个人总结,阐述自己在沙盘推演过程中的思路、想法、观点等。个人总结的时间通常为 3~5 分钟,常见为 3 分钟。

此外,也可以按照小组的形式总结。小组总结即由每个小组推选一位代表,由其代表小组发言,展示整个小组通过推演的思路、想法和观点等,时间通常也为 3~5 分钟。

(4)**面试官提问**(可选)

个人或小组总结结束后,面试官可以根据自己观察的情况向候选人提出一些问题,以进一步了解候选人,确定候选人是否符合招聘职位的要求,这个环节是可选项,如果面试官没有相关问题,那么可以结束面试,并开始统计各位候选人的评分。最后,根据评分结果、面试官评审团的意见以及应聘职位的相关要求选拔适合该职位的候选人进入下一轮面试。

五、情境描述面试法

情境描述面试法是面试的一种特殊形式,也是面试官在面试中经常运用的一种面试方法。

什么是情境描述面试法

情境描述面试法是指面试官提出一系列与候选人所申请职位或工作相关场景的问题,这些问题一般有预先明确的答案,面试官对所有候选人提出相同的问题,观察候选人的反馈。情境问题的答案一般应该由企业内的专家或者面试官团队共同确定,是信度较高的一种面试方法。

情境描述面试法有其特定的背景依据。目标设置理论认为，由于一个人未来的行为会在很大程度上受到他过往经验、对目标的态度以及行为意愿的影响，基于这一点，情境描述面试的目的是给候选人描述一系列未来的工作中可能遇到的事件，并询问："在这种情况下您会如何处理?"以此来鉴别候选人与工作相关行为能力的匹配度。

候选人对他将来会如何做的回答与他过去的经验之间有较高的相关性，因此，情境描述面试就是通过设置本公司相关岗位在工作中的各种典型情境，让候选人扮演应对这个情境的关键角色来完成相关任务，从而考察其多方面实际工作能力的面试方法。情境描述面试主要考查候选人的思维灵活性与敏捷性、语言表达能力、沟通技能、处理冲突的能力、组织协调能力、人际关系处理能力等，总体上看，它是一种低成本但很有效的模拟工作相关事件的面试方法。

情境描述面试法主要考察的是候选人在特定情境下快速、正确地处理事情的能力，所以一些需要与人打交道的岗位都可以使用情境描述面试法。实际上，几乎大部分工作都需要与人打交道，所以可以说情境描述面试法适用于大部分岗位。

情境描述面试法的优势与劣势，如图 4-13 所示。

情境描述面试法虽然适用于大部分岗位，但是面试官也不能随意使用，应当结合情境描述面试法的优势与劣势，并根据招聘岗位的性质决定是否选择。

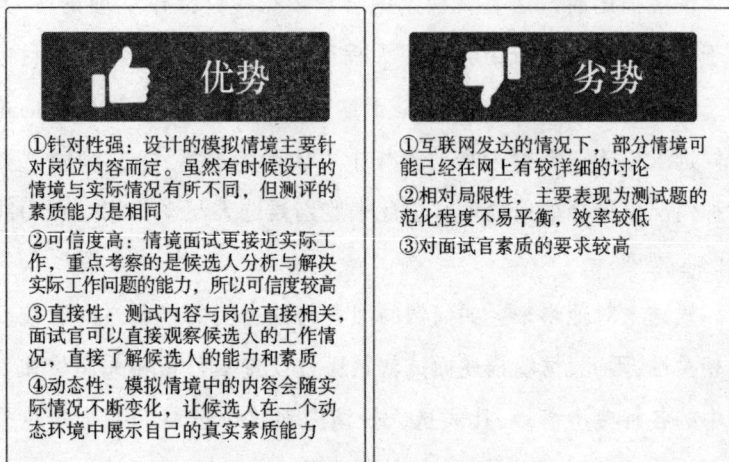

优势	劣势
①针对性强：设计的模拟情境主要针对岗位内容而定。虽然有时候设计的情境与实际情况有所不同，但测评的素质能力是相同 ②可信度高：情境面试更接近实际工作，重点考察的是候选人分析与解决实际工作问题的能力，所以可信度较高 ③直接性：测试内容与岗位直接相关，面试官可以直接观察候选人的工作情况，直接了解候选人的能力和素质 ④动态性：模拟情境中的内容会随实际情况不断变化，让候选人在一个动态环境中展示自己的真实素质能力	①互联网发达的情况下，部分情境可能已经在网上有较详细的讨论 ②相对局限性，主要表现为测试题的范化程度不易平衡，效率较低 ③对面试官素质的要求较高

图 4-13　情境描述面试法优劣势比较

情境描述面试的流程

情境描述面试的流程相对比较简单,整个流程用时 30 分钟左右,具体时间应根据情境的复杂程度而定,具体流程如图 4-14 所示。

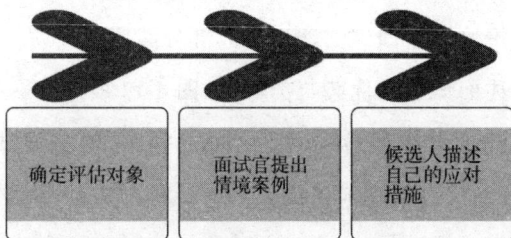

确定评估对象	面试官提出情境案例	候选人描述自己的应对措施

图 4-14　情境面试法的流程

(1)确定评估对象

①岗位名称及主要工作内容

情境描述面试的针对性比较强,所以在设计情境前,面试官一定要明确岗位名称及主要工作内容。

②工作所需能力素质

只是了解岗位名称及工作内容还不够,面试官还应深入了解胜任该岗位所需的能力素质,以便设计具有针对性的情境。

确认评估对象主要包括两个方面的内容。

例如,某公司需要招聘管理岗位,其评估对象如图 4-15 所示。

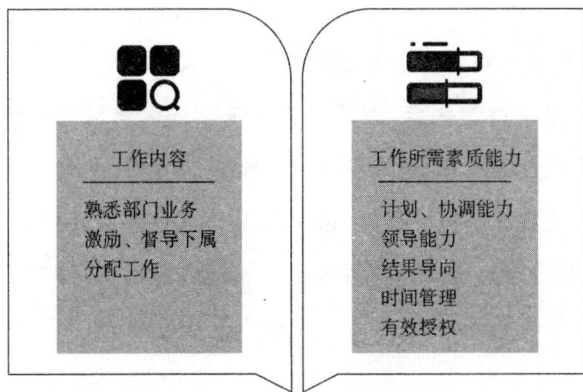

图 4-15　某管理岗位的评估对象

(2)面试官提出情境案例

面试官要根据评估对象设计情境并向候选人提出情境案例,

同时要告知候选人相关规则和要求,候选人需要按照相关规则和要求完成接下来的面试。

下面为面试官为某销售岗位设计的情境案例。

> **题目:请快速阅读关于你所扮演角色的描述,然后认真思考你将如何做。**
>
> 你是一名大二的学生,你不想花父母的钱,想通过兼职图书推销员赚取生活费。这个月你需要尽可能多地推销图书,否则你可能要向父母要生活费。你开始在学校的一个 200 人的读书群中推销,虽然你详细地介绍了几本书,但是大家的热情似乎不高。现在你准备推荐一本刚上市热度就很高的新书……

(3)候选人描述自己的应对措施

在提出情境案例后,面试官要根据案例的难易程度留出一定的时间给候选人思考,通常为 3~5 分钟;候选人思考结束后要向面试官描述自己的应对措施,这个时候面试官要认真聆听,从中获取信息;然后将候选人的答案与自己制定的标准进行对比,评估候选人是否适合招聘岗位,是否可以进入下一轮面试。

六、角色扮演面试法

角色扮演是很多新时代企业青睐的一种面试方法,与情境描述面试法类似。

什么是角色扮演面试法

角色扮演面试法与情境描述面试法类似,也是将候选人代入某一工作中在特定的情境下观察其应对措施,具体差别在于角色扮演面试法是直接让候选人扮演面试岗位的角色,直面工作中可能涉及的问题。在角色扮演面试法中,面试官或者其他候选人可以扮演问题或者挑战的来源,通过这种直接冲突来观察候选人的思维灵活性与敏捷性、语言表达能力、沟通技能、处理冲突的能力、组织协调能力、人际关系处理能力等。

角色扮演面试法常用于服务业这类需要与他人直接面对面沟通的岗位面试。

角色扮演面试法的优势与劣势,如图 4-16 所示。

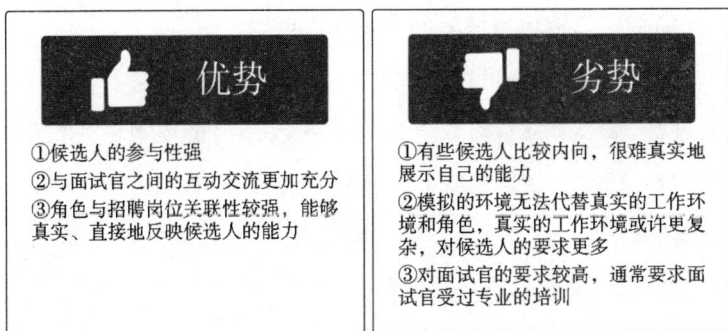

优势	劣势
①候选人的参与性强 ②与面试官之间的互动交流更加充分 ③角色与招聘岗位关联性较强,能够真实、直接地反映候选人的能力	①有些候选人比较内向,很难真实地展示自己的能力 ②模拟的环境无法代替真实的工作环境和角色,真实的工作环境或许更复杂,对候选人的要求更多 ③对面试官的要求较高,通常要求面试官受过专业的培训

图 4-16　角色扮演面试法优劣势比较

角色扮演面试法既有自己的优势,也存在一定的劣势,是一种难度较高的面试法。面试官要想借助角色扮演面试法达到理想的面试效果,就要认真设计情境和角色,同时要保证角色扮演过程中的有效控制,以纠正随时可能出现的问题。

角色扮演面试的流程

角色扮演面试的流程相对比较简单,整个流程用时 30 分钟左右,具体流程如图 4-17 所示。

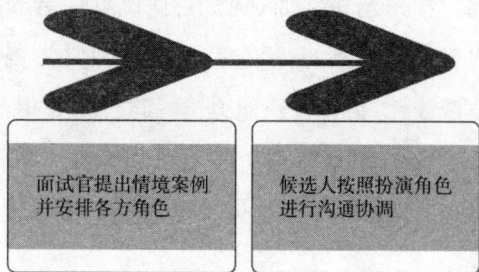

图 4-17　角色扮演面试法的流程

(1)面试官提出情境案例并安排角色

角色扮演面试法可以单人进行,也可以分小组进行。如果是单人进行,那么面试官可以直接向候选人提出情境案例并根据岗位需求安排角色;如果是以小组的形式进行,那么就要对候选人进行分组,通常 4～6 人一组,然后提出情境案例,安排各方角色,也可以让候选人商议自主认领角色。

(2)要求候选人按照角色进行表演

提出情境案例后,面试官要告知候选人角色扮演的要求和注意事项,候选人要按照要求完成接下来的面试。

某银行的情境案例如下:

【案例情境】

一日,某银行网点的中央空调坏了,维修工正在营业大厅维修,各种工具摆了一地。营业大厅内,有前来咨询 ATM 机出现故障无法取钱的客户 A,有前来兑换外币的客户 B,还有等待办理业务的客户 C(孕妇)。营业网点只有两名柜员和一名大堂经理。

面试官分别扮演客户 A、客户 B、客户 C,请小组讨论后认领柜员和大堂经理的角色,并将即将发生的工作情境表演出来。

【要求】

1. 小组讨论,时间 10 分钟。

2. 情境模拟表演,时间 20 分钟。

(3)面试官提问(可选)

表演结束后,面试官可以就候选人的表现提出一些问题,以进一步了解候选人,评估其是否适合招聘岗位,这个环节是可选项,是否需要进行这一步可由面试官根据实际情况选择。

如果没有任何问题想问,那么面试官就要结合候选人的表现对候选人进行评估,按照评分标准对候选人进行打分;然后综合所有面试官给出的分数和意见选拔适合招聘岗位的候选人进入下一轮面试。

七、性格测评面试法

为了筛选更加适合招聘岗位的人才,不少企业会采用性格测评面试法。

什么是性格测评面试法

性格测评面试法是指运用性格测评工具对候选人的性格进行测评,对候选人进行初步筛选,评估候选人与岗位所需性格的匹配情况。

虽然理论上讲性格测评不应该用于面试中,但是还是有不少企业会开展性格测评来辅助面试并取得了不错的效果。事实上,性格测评面试法存在的问题较多,所以仅推荐用于辅助参考,而不能给予过大的权重。

可以说,任何场景和对象都可以运用性格测评面试法,但是最好用于辅助,不能仅依赖这种方式作出决策。

性格测评面试法的优势与劣势,如图 4-18 所示。

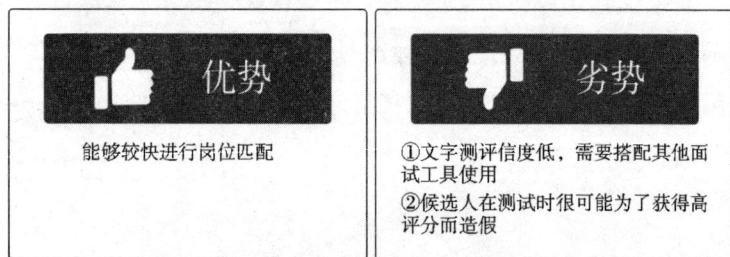

优势	劣势
能够较快进行岗位匹配	①文字测评信度低,需要搭配其他面试工具使用 ②候选人在测试时很可能为了获得高评分而造假

图 4-18　性格测评面试法优劣势比较

性格测评面试法的优势与劣势比较明显,如果使用不当将会严重影响面试效果,所以,面试官在使用性格测评面试法时一定要充分认识、掌握这种面试法,并谨慎使用。

性格测评面试的流程

性格测评面试的具体流程如图 4-19 所示。

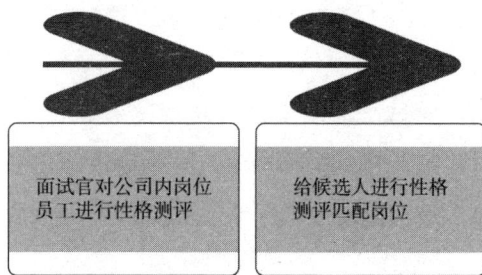

图 4-19　性格测评面试的流程

（1）面试官对在岗员工进行性格测评

由于人的性格、行为模式是长期稳定不容易改变的,因此企业可以先对本公司内各个岗位自己的员工进行性格测试,整理出各个岗位效能较高的员工的性格特质作为标准,然后以此为基准对候选人进行同一套测评。

（2）对候选人进行性格测评并匹配岗位

面试官对候选人的性格进行测评后,可评估其与招聘岗位所需性格的匹配程度,评估其是否能够进入下一轮面试。

下面为某日用品企业招聘时的"性格测评"题目。

在您进行一项任务的时候,以下哪一项对您的工作状态影响最大?

○ 必须完成别人的工作

○ 在最后一分钟才收到工作安排

○ 必须查找和修正别人的错误

○ 在某项任务完成之前被调离

由于单纯文字的测评信度不高,因此可以结合以上几种面试法加上性格测评面试法的结果进行观察比对和校正,从而确认候选人与岗位的匹配程度,这样能够更加准确地作出是否安排候选人进入下一轮面试的决策。

第五章　二轮面试：深度知人的面试技巧

　　二轮面试是在首轮面试的基础上，通过一些面试方法进一步选拔更加适合招聘岗位的人才，所以二轮面试官应掌握深度知人的面试技巧。

场景演练

　　在首轮面试中你根据候选人的表现，打好了分数。接下来你打算与副总经理沟通进行下一步面试安排。沟通的结果是，首轮面试中符合招聘岗位基本标准的候选人进入第二轮，由副总经理直接面试。

　　你确定了副总经理的空闲时间，把 5 个筛选好的候选人集中在一个下午让副总经理面试。由于你还有很多其他进行中的面试工作，所以你计划先陪副总经理面试 1～2 个人，确保没什么问题后，剩下的候选人交由副总经理自己面试。

一、二轮面试官的定位

　　首轮面试之后就要安排合适的候选人进入二轮面试。二轮面试是在首轮面试的基础上进一步评估候选人的岗位胜任力，初步拟出一份录用名单,可以说二轮面试是整个面试过程中承上启下,非常关键的一个环节,因此更应当选择合适的人来担任二轮面试官这个角色。

哪些人适合做二轮面试的面试官

相比较而言,二轮面试的工作任务比首轮面试的工作任务更加严格、专业,所以对二轮面试官的要求会比首轮面试官的要求高。那么,究竟哪些人适合做二轮面试官呢?

因为二轮面试更加侧重对招聘岗位专业知识和能力的评估,所以二轮面试官一般是对招聘岗位专业知识和能力比较了解的人,或者可以说在大多数情况下,二轮面试官通常是候选人未来入职后的直接领导,如业务部门的直线经理或者更高层领导。

二轮面试可以由直线经理或高层领导单独面试,也可以由人力资源部门的资深面试官和直线经理、高层领导一起参与面试,具体由哪些人担任二轮面试官参与面试,可根据招聘岗位性质、面试规模等具体情况而定。

二轮面试官需要规避的问题

为了做好承上启下的作用,初步拟出一份录用名单,二轮面试官在面试的过程中需要规避以下几个问题,如图 5-1 所示。

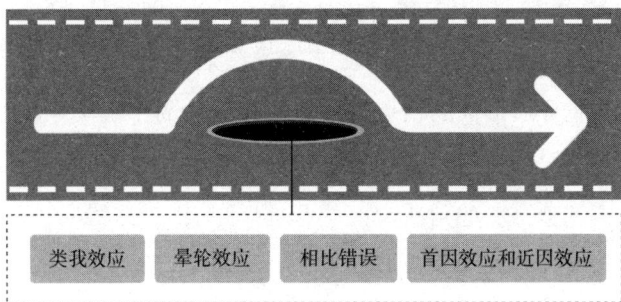

图 5-1　二轮面试官需要规避的问题

（1）类我效应：人总喜欢与自己相像的人

类我效应，是指人总喜欢与自己相像的人，在面试中，这种效应有时候会给面试带来一些负面影响，导致面试官无法对候选人作出客观、准确的评估。

> 某销售部门经理面试的时候与候选人相谈甚欢，发现候选人跟自己不仅是同一所大学毕业的，而且还是同一个专业。深聊之后还发现候选人跟自己一样参加过羽毛球社团，对羽毛球这项运动非常感兴趣。

在上述的面试过程中，销售部门经理与候选人之间很可能已经产生了"类我效应"，这个时候销售部门经理应该警惕，因为这种"类我效应"很容易会让销售部门经理作出主观评估，如"这个人跟我很像，我觉得他是这个岗位最合适的人选"，这种主观评估有可能忽略候选人的专业能力，从而不利于选拔合适该岗位的人才。

(2)晕轮效应:因为某一点而影响对其他方面的判断

晕轮效应,又称为"成见效应""光圈效应""日晕效应",是指在人际知觉中所形成的以点概面或以偏概全的主观印象。通俗地理解,晕轮效应是指因为候选人某个特别突出的点而影响面试官对候选人其他方面的判断。

> 某候选人头发颜色是偏亮的黄色,面试官不喜欢这种颜色夸张的头发,并由此判断这位候选人对待工作的态度会比较随意,不属于认真、稳重型的人,不太适合招聘岗位。

面试官这种心理就属于典型的"晕轮效应",这种效应同样会影响面试官对候选人作出客观、准确的评估。也许经过深入了解后,面试官会发现该候选人专业知识和技能很强,非常适合招聘岗位,那么这个时候面试官就会因为"晕轮效应"而错失一名优秀的人才。

(3)相比错误:其中某个候选人特别出彩而影响对其他人的判断

相比错误,是指当面试过程中遇到某个表现特别出彩的候选人时,面试官会将其他候选人与该候选人进行比较而影响其对其他候选人作出准确的评估。

将候选人进行比较并没有错,但是如果只将目光放在某个候选人身上,而忽视其他候选人的优点,这种意识就是错误的,会影响整个面试效果。此外,最优秀的人也不一定是招聘岗位最合适的人。所以,面试官在面试的过程中要避免以人比人,而应当以岗位匹配度来评估候选人,这样才能有效避免相比错误。

(4)首因效应和近因效应:在候选人多的时候只记住了第一位和最后一位候选人

首因效应,也叫首次效应、优先效应或第一印象效应,指交往双方形成的第一次印象对今后交往关系的影响,也即是"先入为主"带来的效果。例如,面试官会对第一位候选人的印象非常深刻。

近因效应,是指在有两个或两个以上意义不同的刺激物依次出现的场合,印象形成的决定性因素是后来新出现的刺激物。例如,面试官会对最后一位候选人的印象比较深刻。

总结来说,如果面试中存在这两种效应,那么会导致面试官只能记住第一位和最后一位候选人,这样不利于在众多候选人中筛选适合招聘岗位的人才。所以,面试官应采取一定的措施避免在面试中产生首因效应和近因效应,例如可以在面试每一位候选人的时候做好详细的记录。

规避以上几个问题可以帮助面试官更加客观、准确地对候选人进行评估。除此之外,二轮面试官还应在面试中多观察,多留意其他问题,尽可能规避不必要的问题,提升二轮面试的效果。

二、结构化面试法

结构化面试法,是指在面试的过程中所有候选人都遵循固定程序,采用专门的面试问题、评价标准和评价方法,通过面试官与候选人面对面交流的形式,评估候选人与招聘岗位匹配程度的一种人才面试方法,具体流程如图 5-2 所示。

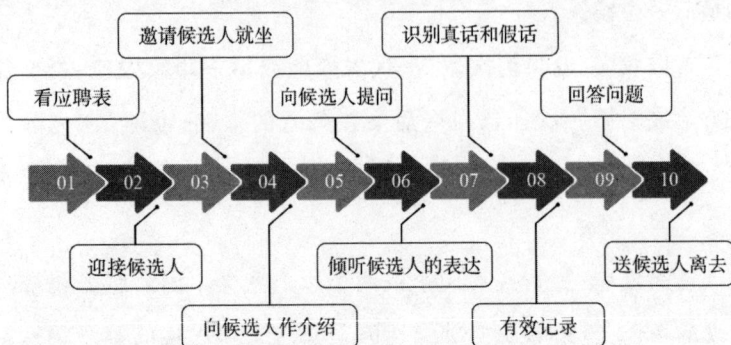

图 5-2　结构化面试法的流程

看应聘表

一般情况下,候选人在参加面试的时候公司都会要求其填写一份应聘表,结构化面试的第一步就是看应聘表,从中获取候选人的基本信息。

看应聘表看似一件很简单的事情,但也讲究一定的技巧,这样才能透过应聘表的表面信息看到一些隐藏的信息。具体来说,看应聘表应重点关注两个方面。

（1）看笔迹

看笔迹,也可称之为"笔迹测评法",是指根据候选人书写笔迹的特点和轨迹,测评候选人个性、能力、心理和人际关系的一种人才测评技术。笔迹测评法的具体内容如下:

①看整体

如果整体字迹非常工整,整个页面非常干净,那么说明候选人自我管理能力、规划能力较好,能够有条不紊地完成任务,做事有计划性。

②看字形

如果字形偏大,那么说明候选人思想不复杂,但有以自我为中心的倾向;如果字形偏小,那么说明候选人性格偏于内向,比较小心谨慎,但心胸不够宽广,遇事很容易钻牛角尖。

③看行距

如果行距大,那么说明候选人不易与别人接近;如果行距小,那么说明候选人容易与人接近;如果字距小而行距大,那么预示候选人内心比较矛盾,渴望交往又怕被伤害。

④看字体

如果字体规矩,那么预示候选人做事比较严谨;如果字体圆润,那么预示候选人做事比较灵活。

⑤看笔力

如果笔力比较重,那么预示候选人做事严谨刻板;如果笔力较轻,那么预示候选人善交际,但不稳定。

以上几个方面的内容是笔迹测评分析中基本的组成部分,要注意的是,笔记测评法的科学性尚待探讨,面试官可以参考笔迹测评法,但不能完全依赖这种面试法,还应结合候选人的其他表现对其进行综合评估,否则很容易出现评估偏差,错失优秀人才。

(2)看填写内容

从应聘表的填写内容中面试官也可以获取很多信息。看填写内容主要应关注以下几点:

①应聘表是否有未填项

面试官粗略浏览应聘表,看是否有未填项。如果有未填项,那么面试官要思考的问题是"未填项是因为候选人认为该项内容不重要还是漏填了或者不想填"。如果未填写的内容对面试结果影响较大,那么在面试中面试官就要向候选人确认有关未填项的问题。

②应聘表的填写是否有涂改以及涂改的方式和频率

面试官查看应聘表是否有涂改的地方,涂改的方式是杂乱无序还是比较整洁清晰,涂改的频率高不高,从中可以评估候选人的认真程度和细心程度。如果只是用线条将错误的地方清晰地划掉,且涂改的频率不高,地方不多,那么说明候选人比较认真、细心,反之则说明候选人可能粗心大意,态度不够端正。

③填表的时间

填表的时间是指候选人填表会花多长时间,一般情况下,企业会预留 5~15 分钟的填表时间。如果候选人填表的时间在 5 分钟左右,那么说明候选人对自身比较了解,提供的信息较真实;如果候选人填表时间超过 15 分钟或更久,那么说明候选人对自己的了解并不深刻,甚至存在提供虚假信息的情况。

④填表时是否参照简历,简历和应聘表内容是否一致

面试官要将候选人填写的应聘表与其求职时提供的简历进行对比,查看两者的内容是否一致。如果有不一致的地方,那么意味着其中存在虚假信息,面试官要备注并在面试时向候选人确认,了解其中的原因。

⑤证明人是否填写完整

证明人是指候选人提供的能够证实其之前工作经历的人,如之前工作的领导、同事。面试官在查看应聘表的时候要看证明人这一项是否填写完整。如果填写完整,那么说明候选人在应聘表中提供的信息具有一定的真实性;如果没有填写完整,那么说明候选人可能提供了虚假信息或者存在其他原因,这种情况下面试官就要留意这个信息并在面试中向候选人确认。

⑥最后是否签名

最后还要看候选人是否在应聘表中填写完整的签名,从这个行为可以看出候选人是否注意细节。

在应聘表中查看以上几个方面的内容主要可以评估候选人的细节管理能力和求职意愿,但这些内容也只能作为参考,不能仅依此评估候选人与招聘岗位的匹配程度。

迎接候选人

查看完候选人的应聘表后,面试官接下来就要做好准备,迎接

候选人,正式进入第二轮面试。在迎接候选人的时候,面试官应重点关注以下两点:

(1)候选人的着装

谈到着装问题,作为企业面试官,着装应与公司形象相符,同时还要观察候选人的着装,评估其着装与公司文化的匹配程度。

面试官可以通过当前招聘职位的性质评估候选人的着装风格与该岗位的匹配程度。例如,招聘职位是高层管理,那么着装就要商业化。具体来说,面试官可以参考以下几个标准对候选人的着装进行初步判断,该判断仅供参考,不建议作为评估结果直接使用。

> 候选人的着装过于随意,在一定程度上说明候选人对面试的重视程度不够。
>
> 候选人的着装过于个性化,在一定程度上说明候选人的社会化程度不够。
>
> 候选人的着装过于昂贵,在一定程度上说明其可能对薪资的要求较高,或者其自信心较强。
>
> 候选人的着装过于时尚,在一定程度上说明其工作的稳定性可能不强。
>
> 候选人的着装过于突出性格,在一定程度上说明其可能有较强的表现欲。
>
> 候选人的着装色彩鲜艳,在一定程度上说明其自我意识可能较强。

候选人服装商标的可读性较强,在一定程度上说明其自信心不强。

候选人的服装风格明显小于实际年龄,在一定程度上说明其依赖性可能较强。

候选人的服装风格倾向青少年,在一定程度上说明其叛逆性可能较强。

因为新时代的着装风格越来越多,职场也越来越提倡着装自由,所以以上这些着装评估标准仅供参考,具体应结合候选人的其他表现进行综合评估。

(2)面试官的肢体语言

通常,面试官是在会议室或办公室迎接面试者,为了表示尊重,在应聘者进门的时候,面试官就要面带微笑并起身与候选人握手,握手要有力度,要让候选人可以感到真诚,同时也要观察候选人握手的动作,因为不同的握手方式体现出的是不同的性格特质。例如,候选人掌心向下握住面试官的手,那么说明对方是一个掌控欲比较强的人。

迎接候选人看似一个很小的行为,但是却可以让双方对彼此有一个初步的了解,建立初步的情感连接,利于接下来的面试,所以,面试官不能忽视这个环节。

邀请候选人就座

迎接候选人进入会议室或办公室后,面试官要邀请候选人就座。邀请就座要讲究一定的技巧,否则容易增加候选人的压力,影响面试效果。

面试官邀请候选人就座时应注意以下两点:

(1)避免心理距离最远或最近的就座方法

面试官邀请候选人就座的时候一定要避免心理距离最近或最远的就座方法,换句话说就是面试官与候选人的座位要保持适当的角度和距离,要让候选人感到这种距离很舒适、很放松,利于接下来的沟通。

如图 5-3 所示,我们来看看比较适合的就座角度和距离。

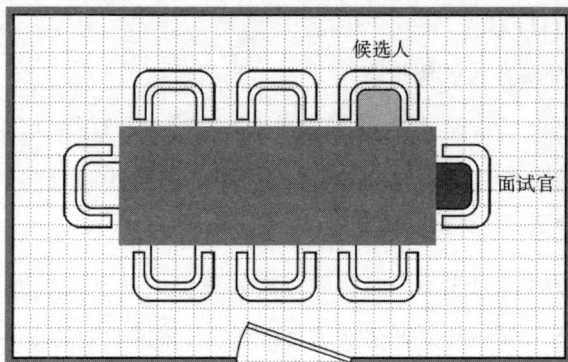

图 5-3　比较合适的就座角度和距离

一般来说,建议面试官和候选人按照图 5-3 所示的位置提示分别落座,这两个位置的角度和距离都比较适中。当然就座的角度和位置并不是固定的,面试官可以根据实际情况引导候选人就座,但最好避免面对面就座,面对面的角度和距离很容易给候选人造成较大的压力,不利于接下来的沟通。

（2）坐在椅子的前 2/3

面试官不仅要选择合适的距离和角度就座,还要注意自己的坐姿,一般建议面试官坐在椅子的前 2/3,这样就座利于面试官挺直腰背,给候选人一种庄重、专业的感觉。

就座既是一种礼仪,更是一种艺术,在面试中的作用不可小觑。

向候选人作介绍

面试官和候选人落座之后,面试官应主动向候选人作自我介绍,并确认一些相关事项。

（1）介绍自己的姓名、身份

首先要介绍自己的姓名、身份,让候选人知道你是谁,例如"你好,我是销售部门的经理章某",这部分内容简要介绍即可。

（2）确认候选人应聘的职位

面试官介绍完自己的姓名、身份后,紧接着就要向候选人确认其应聘的职位。例如,"您应聘的是我们销售部门的主管岗位,对吗?"向候选人确认应聘的职位,可以避免弄错候选人的简历或者候选人填错应聘职位等问题。

（3）预先告知候选人会有书面记录

为了留存候选人的档案以及避免候选人对记录信息这件事产生疑问,面试官应在面试开始前事先告知对方面试内容会有书面记录。例如,"面试中我们谈论的内容都会记录下来,对此您是否有疑问?"

（4）告知候选人面试过程大体的时间长度

在面试正式开始前，面试官应告知候选人面试过程大体的时间长度，以让候选人可以做好时间安排或做好相关准备。例如，"本次面试过程大约在 30 分钟左右。"

（5）欢迎候选人提出想问的问题

介绍完面试的相关事项后，面试官要欢迎候选人提出想问的问题。例如，"整个面试过程中存在任何疑问都可以提出来，我们都会认真解答。"

以上几点其实就是面试官的一个简单开场白，主要目的是让候选人对面试官、流程有所了解，从而有利于展开接下来的沟通。

向候选人提问

向候选人提问是整个面试的核心环节，因为只有通过提问才能获取面试官想了解的信息，从而才能对候选人作出准确的评估。

提问不仅要问"请您谈谈自己……""如果……您将会怎样开展工作"等问题，还要通过提问来评估候选人过去的行为和表现，因为过去的行为和表现可以预示将来候选人在工作中的行为。那么，如何通过提问去评估候选人过去的工作行为呢？我们可以采取行为面试法的 STAR 结构来提问，如图 5-4 所示。

简单地说，STAR 结构就是围绕图 5-4 所示的四个维度对候选人过去的工作展开提问。如果候选人的回答中包含了情境、任务、行动和结果，那么就可以由此判断其所说的这件事是他自己经历过的，是真实的，并且候选人对这份工作有一个比较完整的经验。

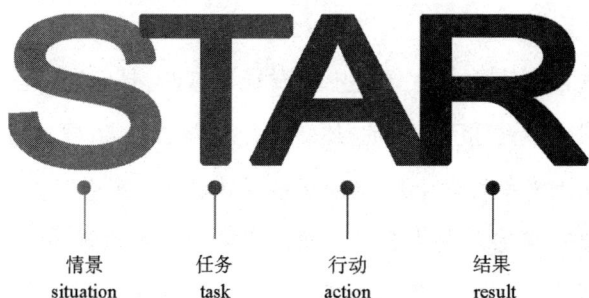

情景　　　任务　　　行动　　　结果
situation　 task　　　action　　result

图 5-4　行为面试法的 STAR 结构

相反,如果候选人回答的内容不符合 STAR 结构,那么说明他可能只是经历了该工作项目的一部分,或者是从其他地方道听途说的,这种情况下,面试官可能就要进一步展开详细的追问。

倾听候选人的表达

面试官要想更加全面、深入地了解候选人,不仅要懂得提问,更要懂得倾听候选人的表达。认真倾听候选人的表达不仅可以获取我们想了解的信息,还能够赢得候选人的信赖和好感,利于面试更顺利地进行。

为了实现有效倾听,在倾听候选人表达的过程中面试官应注意以下几点,如图 5-5 所示。

图 5-5　倾听过程中的注意事项

（1）不要打断谈话

在候选人表达的时候一定不要轻易打断，打断对话的谈话不仅会让对方感觉你不尊重他，还会干扰对方的思维，导致对方不知道自己接下来要表达什么，甚至可能导致对方不想再表达。

如果在候选人表达的时候面试官的确有不理解的地方，并且会影响接下来的面试，那么面试官应当礼貌询问，如"非常抱歉，我可以打断一下吗……"待对方确认后再提问。但还是建议面试官尽量不要轻易打断谈话，如果有问题可以记录下来，待候选人表达结束后再提问。

（2）不要心不在焉

倾听的时候不要心不在焉，要用耳朵听，更要用大脑、用心听。用耳朵听是指在倾听的时候要认真听对方表达的内容；用大脑听是指在倾听的时候要认真理清对方表达的思路，明确对方的观点，以及哪些是事实，哪些是对方的感受，对方希望我们采取什么样的行动等；用心听是指要听出候选人的弦外之音，听出对方的潜在需求。

（3）注意候选人的肢体语言

有效的倾听还要用到眼睛，即要注意对方的肢体语言，从中捕捉一些有效信息。如果候选人在表达的时候一直扭绞双手，那么说对方非常紧张、不安，这个时候面试官可以采取合适的方式让对方放松，如"没关系，想说什么就说什么，不要紧张"，可以递上一杯水或者公司的介绍材料；如果候选人表达的时候正视面试官，那么说明他很笃定自己表达的内容或者比较自信。

(4)不要边听边作判断，只记录事实

在倾听候选人表达的时候，面试官不要一边听一边作判断，这样不仅会影响我们的倾听效果，还会影响候选人的表达。

例如，候选人表达完自己某个观点的时候，面试官说道"以我的经验来看，您这个观点是错误的。"也许候选人的观点比较片面，但是面试官这种主观意识的判断只会打击候选人，影响候选人的表达以及其对公司的印象，而且在接下来的面试中面试官很可能也会带着这种主观判断去倾听，这样无疑会影响面试效果。

此外还要注意的是，在记录候选人表达的内容时要记录事实，而不是感受。事实是指候选人表达的真实内容，感受是指面试官对候选人的表达作出的主观评价。例如，候选人表达的信息为"我在这个行业工作了3年"，这是事实。但是如果面试官记录为"候选人从事该行业的时间并不长"这就是感受。只有事实才利于对候选人作出准确的评估。

(5)不要只挑想听的听

在倾听的过程中，面试官要保持开放、包容的心理状态，即要认真倾听候选人表达的所有内容，不能只挑自己想听的听。只有全面获取候选人表达的内容，才能更加深入地了解候选人，利于对其进行准确的评估。

在倾听的时候，面试官除了要注意以上几个问题，还要在倾听的过程中关注候选人的表达方式，根据候选人的表达方式进行适当评估。

如果候选人说话音量偏小、语调偏低、语速偏慢,那么说明其不太自信或者比较内向。

如果候选人说话的内容大于形式,那么面试官可以忽略形式,认真倾听候选人表达的内容。

如果候选人回答问题的速度比较慢,那么说明候选人可能在编造虚假信息或者对问题的印象不深,在努力回忆。

如果候选人的表达具有一定的条理性,那么说明候选人的表达能力较强,拥有较强的线性思维。反之,说明候选人的表达能力一般,属于非线性思维的人。

如果候选人表达中用词偏中性,没有强烈的好恶,那么说明候选人是一个比较理性的人。

如果候选人表达过程中使用的单音节词汇较少,那么说明候选人更关注的是表达的内容而不是形式。

如果候选人表达的时候非语言内容与语言内容一致,那么说明候选人是一个表里如一的人,所表达的内容比较真实、可信。

总之,在候选人表达的时候面试官一定要认真倾听,用耳朵、用大脑、用心听出候选人表达的以及藏在语言和非语言中的信息。

识别真话和假话

面试官一定要具备一定的判断能力,可以识别候选人所说的是真话还是假话,从而对候选人作出准确的评估。

那么在面试的过程中,面试官要怎样识别候选人说话的真实情况呢？具体方法如图 5-6 所示。

图 5-6　识别真话和假话

(1)设置"陷阱"

面试官可以设置一些"陷阱"，不让候选人按照自己的想法去做，而是按照我们的想法去做。所谓的"陷阱"就是问一些让候选人没有准备的问题。

例如，我们要招聘一个执行岗位，不需要候选人有太多的想法和创意。这个时候我们可以提问候选人"当你接到一项工作任务时，你会按照公司要求的标准按部就班地执行，还是有创意地执行?"这个问题就是一个"陷阱"，我们这样问的原因是测试一下候选人的真实想法，但是候选人不知道我们这样问的意图是什么，这个时候候选人很可能会将自己的真实想法表达出来，我们就可以将候选人的想法与岗位要求进行匹配，也就是说，如果候选人更加偏好执行，那么说明其适合该岗位，反之则不适合。

(2)剥洋葱式追问

如果设置"陷阱"后还不能识别候选人的真话与假话，那么我们可以采取剥洋葱的方式继续追问对方，直到问出真实细节，这里我们可以采取 STAR 结构进行追问,因为如果候选人没有真实的经历,或者候选人在杜撰信息,那么他就没有办法完整地表述我们上述提到的 STAR 结构中的 4 个维度的内容,这样我们就可以判断候选人所说的话是假话,反之则是真话。

(3)观察肢体语言

身体的本能反应总是诚实的,尤其是眼神,所以面试官还可以通过观察候选人的眼神判断其说话的真假。如果候选人表达的时候眼神飘忽不定,那么说明候选人可能是在说谎话;相反,如果候选人表达的时候直视面试官,那么说明他说的可能就是真话。当然除了眼神,还有一些其他肢体语言也可以判断候选人说话的真假,例如候选人说话时一直摸鼻子,那么说明其可能在撒谎。所以,面试官可以多了解一些肢体语言方面的知识,帮助自己识别候选人说话的真假。

我们来了解一下沟通中常见的几种肢体语言及含义,具体见表 5-1。

表 5-1　常见的肢体语言及含义

肢体语言	含　义
捏面部的任何部位、啃指甲或者把指甲放在嘴边	没有把握
看表、搓手	缺乏耐心
身体前后摇摆	紧张和有疑问
手臂交叉	采取防守
两腿交叉和一只脚不停摇摆	厌烦和懈怠
脚歪着放,脚尖相对和脚跟分开	紧张
手掌伸开向上	真诚和抱有善意

通过肢体语言判断真话与假话时要注意,面试官提出问题之后要立刻关注对方的肢体动作,候选人第一时间出现的下意识反应往往会更加真实。所以提出问题的时候,面试官要立刻关注对方的肢体动作,这个时候作出的判断会更加准确。

(4)细究表达细节

除了通过以上几种方式识别候选人的真话与假话,我们还可以通过对候选人表达的细节进行仔细研究以识别真话与假话,具体见表5-2。

表5-2 识别真话与假话的方法

如果候选人说的是真话,他将	如果候选人说的是假话,他将
①用第一人称 ②说话很有信心 ③使用和其他已知事实一致的表述	①很难一针见血,直接切入主题 ②倾向于夸大自我 ③举止或言语明显迟疑 ④语言流畅,但像背书,这个时候继续追问,对方很可能答不上来

识别候选人说话的真假是面试官必须具备的能力之一,因为只有具备该能力才能获取有效信息,才能对候选人作出准确的评估,为公司选拔合适的人才,否则,将给公司招来不合适的人才,甚至造成严重的损失。

有效记录

面试官在采取结构化面试的过程中一定会做一个完整、详细的记录。为什么呢?因为人的记忆能力是有限的,一般一天要面试很多人,面试官很难仅凭脑力记住所有候选人的信息,所以需要一些文字记录来作为支持。此外,记录的信息还可以留案存档,便于公司做好人力资源管理工作。

(1)记录的注意事项

面试官在记录信息时应注意以下几个事项:

①事先告知候选人,面试时会全程记录

尤其自我隐私保护意识比较强的候选人,一定要明确告知其面试中的信息会记录,并告知其这么做的缘由。

②记录的时间可适当延长

如果信息比较多且比较繁杂,那么可以适当延长记录时间,但要告知候选人,让其稍作等待,如"这部分信息我需要记录下,稍等一下。"

③不要频繁涂改

面试官在记录信息的时候最好不要频繁涂改,频繁涂改容易让候选人误以为自己的表现很差,然后会越发紧张,不利于接下来的面试。

④记录候选人说过的话,举过的例子

记录的时候应当完整记录候选人说过的话,举过的例子,信息越全面、完整,越利于面试结束后对候选人作出准确的评估。

⑤不要在记录时下结论

记录时只需要真实记录候选人表达的内容即可,不要在记录的过程中对候选人下结论,这个时候获取的信息比较少,就此下结论一般不准确。

（2）记录的方式

记录方式有很多种，面试官可以根据自己的需求选择合适的记录方式以及记录工具。常见的记录方式和记录工具有以下几种：

①白纸

面试中的任何信息都可以记录在白纸上，而且可以灵活记录，无须过分注重版式和顺序，可以待面试结束后再进行整理。但是白纸比较容易弄丢，所以一定要保存好。

②笔记本

笔记本是常用的记录工具，可以系统、完善地记录面试的内容，而且不容易弄丢，甚至可以说是面试官的资料库，所以，建议面试官准备一个专用的面试记录本。

③简历

简历不仅是候选人呈现信息的方式，也可以是面试官用来记录信息的工具。面试官可以将与简历中相关的信息备注在相应的位置，便于针对性记录信息。

④头脑

大脑是比较理想的一种记录信息的方式，在面试的过程中，面试官要懂得运用大脑去记录一些十分重要的信息。

⑤录音、录像

录音、录像是新时代比较常用的一种记录方式，但是很多求职者并不喜欢这种记录方式，他们认为这种方式容易暴露他们的隐私，而且这种方式很容易让他们紧张、压迫，所以这种方式应谨慎使用或者在征询候选人的同意后再使用。

对候选人进行评估需要掌握充分的信息，而掌握充分的信息就需要完整、详细地记录面试过程，所以有效记录是面试官应当重视的工作任务。

回答问题

提问完面试问题且候选人回答完毕后，面试官就要进入回答问题阶段，回答候选人提出的问题。面试官在回答候选人提出的问题时应注意以下几点，如图 5-7 所示。

图 5-7　回答问题的注意事项

（1）注意保密

候选人通常会提出关于岗位、公司层面的各种问题，但并不是候选人提出的所有问题面试官都要一一详细回答。因为有些问题可能涉及公司机密，是不能向外界透露的信息，对于这种问题一定要谨慎，注意保密。

（2）准确地描述公司的经营范围和发展历史

面试官可以如实告知候选人公司的经营范围，并且可以向其展示与经营相关的事实和数据，描述公司的发展历史，这样做一方面可以让候选人深入、全面了解公司方面的信息，另一方面可以向候选人宣传公司。

（3）准确地描述空缺职位

空缺职位是候选人比较关心的问题，因此面试官一定要认真、全面地描述空缺职位，主要包括空缺职位的岗位职责、任职要求、任职条件等。

（4）真实地描述工作环境

随着时代的发展，候选人越来越关注工作环境，一些候选人甚至会将工作环境这一因素放在自己择业的主要因素中，因此面试官应真实地描述工作环境。工作环境主要包括办公场地环境、班车、供餐情况、午休环境、健身房、茶水室、娱乐室等。

之所以要真实描述工作环境，是避免候选人入职时发现真实的工作环境与面试官所描述的工作环境不符，从而产生落差心理，影响工作效果，甚至会因此离职。所以一般建议，如果方便，面试结束后可以安排候选人参观工作环境，这样的体验更加真实。

（5）真实地描述职业生涯发展机会

职业生涯发展也是候选人在面试中较常提出的问题，面试官应真实地描述职业发展生涯机会，例如"在该岗位工作满一年可以提出涨薪申请，满两年可以提出职位晋升申请。"要注意的是，一定不能为了留住候选人而夸大事实，随意承诺，这样也会导致候选人入职后产生较大的心理落差,很可能导致其离职。

候选人提出的问题可能远不止以上几种,无论提出什么问题,面试官都要认真思考、谨慎回答,既要让候选人了解其该知道的信息,也要为公司做好保密工作。

送候选人离开

结构化面试的最后一步是送候选人离开,面试官可以亲自送候选人离开,也可以安排其他人员,如果条件允许最好是亲自送。送候选人离开这个环节看似很小,但是不仅可以进一步增进彼此之间的情感连接,激发候选人的求职意向,还能帮助面试官获取一些与候选人有关的信息,便于面试官对候选人作出全面、准确的评估。

一般情况下,人在走路的时候双手会很自然地摆动,腿会分开,这个时候身体处于一种开放的状态,这种状态下人的戒备心和压力相对比较小。加之候选人步行出门的场合也相对非正式,这会让候选人更加放松。在这种放下戒备的心态和轻松的环境下,候选人会不经意间展示一些潜意识的行为特质,也就是说,在送候选人离去的过程中,面试官可以通过与候选人沟通,或观察其行为表现获取更多的信息。

某面试官在一场面试结束后,亲自送候选人离开。他们在路过前台的时候刚好看到快递员碰到前台门口放置节日装饰品的桌子,这个时候候选人马上跑过去将装饰品扶起来,并且将这些装饰品按照之前的位置有序摆放好。结合前面的面试结果,这位面试官进一步确认该候选人热心且细心的行为特质。

对候选人的了解越深入,尤其是对其冰山模型中"冰山之下"的特质了解越深入,越利于面试官对候选人作出综合判断和正确评估,从而为招聘岗位匹配更加合适的人才。所以在结构化面试中,面试官不能忽视任何一个环节,要把握好开头,掌控好中间,把握好结尾,尽可能全面地获取候选人的信息,深入了解候选人。

三、行为面试法

行为面试法是指通过要求候选人描述其过去某个工作经历的具体情况来判断候选能力素质的一种面试法。行为面试法中常采用的结构是 STAR 结构。

STAR 面试结构

STAR 面试结构在本章第二节的"向候选人提问"中我们进行了初步介绍,下面我们将详细、具体介绍这种结构面试法。

S(situation)情境:是指让候选人描述其在所从事岗位期间内做过的某件重要事件所发生的背景情况,了解候选人业绩中多少与个人有关,多少与市场行业情况有关。

T(task)任务:是指候选人在历史工作中所执行的任务及扮演的角色,了解候选人是否具备相应的能力,候选人所从事的工作任务是什么,在这个团队中的角色是什么,主要发挥了什么作用。

A(action)行动:候选人完成这些任务所采取的行动,进一步了解候选人的工作方式、思维和行为方式;候选人采取哪些措施解决问题,提升业绩。

R(result)结果:了解候选人的工作结果,了解候选人对结果好坏是如何看待的,由此可以判断候选人的自我认知。

以上是一个完整的 STAR 的结构,理想的情况是,我们可以通过向候选人提问来获取情境、任务、行动和结果这四个维度的信息,然后依据这些信息对候选人作出准确的评估。

有效的 STAR 编码

在实际的提问过程中,候选人的回答不一定符合 STAR 结构,或者说他们并不会按照我们的提问流程来回答问题,这样的 STAR 编码就是无效的。所以,在候选人回答的时候,我们就要根据候选人的回答进一步提问,挖掘一些隐藏信息,直到对方的回答符合 STAR 结构,这才是有效的 STAR 编码。

那么有效的 STAR 编码和无效的 STRA 编码之间究竟有哪些区别呢？具体见表 5-3。

表 5-3　如何区分 STAR 编码有效性

有效的 STAR 编码	无效的 STAR 编码
了解候选人的亲身经历	表达内容存在主观想象
候选人的行为已经完成了	候选人的行为没有完成
表述的内容足够具体	表述的内容不具体

只有获得有效的 STAR 编码，我们才能获取真实的信息，从而才能依据这些信息对候选人作出准确的评估。

如何应对无效的 STAR

在面对无效的 STAR 时，面试官应当如何应对呢？

一般来说，导致 STAR 无效的原因主要有以下几点，我们可以根据不同原因采取相应的应对措施，如图 5-8 所示。

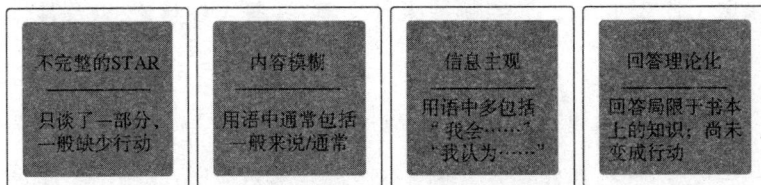

图 5-8　无效的 STAR

(1) 不完整的 STAR

不完整的 STAR 是指候选人只回答了 STAR 结构中部分问题，一般缺少"行动"，这个时候面试官就要追问候选人，如"您当时具体采取了哪些行动""您采取了哪些措施来解决这个问题"。

(2)内容模糊

内容模糊是指候选人在回答问题时含糊其词,用语中通常包括"一般来说""通常",例如"一般情况下我会……""通常是这样做的",这个时候面试官就要继续追问"那特殊清下呢,比如……""具体是怎么做的……"以获取完整、具体的信息。

(3)信息主观

信息主观是指候选人在回答问题时主观意识比较强,用语中多包含"我会……""我认为……",这个时候面试官就要注意,也许当时候选人并没有这么做,那么面试官就要追问,如"当时您是按照这个想法做的吗""您只是有这样一个想法,还是真的采取了这个行动"。

(4)回答理论化

回答理论化是指候选人回答问题的时候局限于书本上的知识,并未采取真正的行动,这个时候,面试官就要追问候选人具体采取了什么样的行动,与哪些人打交道,哪些人参与了,以及具体的工作细节。

总结来说,如果采用STAR结构时遇到了以上几个问题,或者其他问题,面试官都要根据候选人的回答进行追问,直到问出完整的STAR,否则可以判定候选人回答的内容是虚假的,不能用于评估其能力。

如何问过去的工作行为

STAR面试结构的本质就是通过提问评估候选人过去的工作

行为,具体应如何提问呢?

(1)用开放式提问引出工作场景

面试官可以用开放式的提问引出候选人完成某项工作的情境,也可以说是当时的工作场景。例如,"是否可以清楚描述一下完成这项任务的具体场景呢?"

(2)用追踪式的提问询问其任务、行为和结果

当候选人描述完工作场景后,面试官便可以用追踪式的提问询问其执行的具体工作任务或担任的角色,采取了什么样的行为,获得了什么样的结果。

> 例如,您在零售服务中,主要负责什么任务,遇到过焦虑不安的客户吗?您是如何处理的?在您最近的零售服务中,您有没有设身处地为顾客着想呢?最后获得了什么样的结果呢?

为了提升提问的有效性,在提问的时候面试官还应注意以下几点:

> a. 要求候选人描述相对中立的情境中的行为。中立的情境中的行为更能真实地反映候选人的能力。
>
> b. 中立或积极问题先与消极问题。中立或积极的问题更能反映候选人积极主动的一面。

c. 避免求职者对不成功经历的搪塞。有些候选人不愿意面对自己失败的工作经历,于是会找一些理由搪塞,这个时候面试官就应该采取相应的措施避免这种情况出现。例如,面试可以询问"所有做销售的人员都有不可能避免的不尽如人意地方,您能给我举一个你所遇到的这方面例子吗?"或者"我们客服人员都有不可避免的投诉发生,您能给我举个最近的例子吗?"这种问题可以作为我们评估候选人应对问题能力的一个标准。

候选人对过去的工作行为描述得越具体、真实,越有利于面试官判断其未来面对工作时的行为,所以在提问的时候面试官一定要掌握 STAR 结构以及相关注意事项。

第六章　终轮面试：有效用人的面试技巧

相比前几轮面试，终轮面试已经跳过了单纯岗位技能和工作经验方面的考察，更多上升到性格、思想等层面的洞察。因为一般企业在选择候选人时，不仅要选择能力优秀的，还要选择文化和价值观匹配，且个人职业发展和公司设定的通路吻合的，只有这样，候选人才有希望在公司稳定长久的发展。所以对于终轮面试官而言，其需要掌握的是有效用人的面试技巧。

场景演练

副总经理最终选择了在首轮面试中你并不是特别看好的一位候选人，你觉得他的野心可能有点大。于是你询问副总经理为什么会选择这位候选人，看看面试指标的权重是否发生了变化。

研发部决定招聘的应届生名单已经确定，你逐一打电话通知他们准备签订协议，并谈妥薪资。大多数候选人都接受了公司的报价，但是有一位学生却提出了比公司开价高30%的期望，因为他还拿了另一家初创公司的录取通知，价格比你们公司的要高30%。于是你向这位学生介绍你们公司的发展前景，让他了解在你们公司通过自己的努力发展，很快就有希望实现薪资的突破。

候选人也接受了你们公司开出的录取条件。在他上岗之前，你觉得有必要做一个背景调查。你认为前公司的领导对他的反馈应该是最直接的，可以确认他在之前公司的表现情况，于是你打给了这位候选人的前领导，进行了背景调查。

一、终轮面试官的定位

终轮面试官要作出最终的录用决策,所以对终轮面试官的要求相对比较高,要求其具备一定的判断力、决策力。

哪些人适合做终轮面试的面试官

终轮面试的面试官通常由候选人直接领导的上级担任,或者由公司的高层领导担任。因为终轮面试主要评估候选人与公司的文化、价值观是否匹配,其个人职业发展和公司设定的通路是否吻合,而一家公司的文化、价值观一定来自公司最高层的核心领导团队,只有公司的高层最理解公司的文化和价值观,并且可以评估候选人是否与公司的文化和价值观匹配。因此对于重要的岗位,应邀请公司的高层领导团队(包括各个部门条线总监、副总乃至总经理)参与终轮面试,他们不仅可以帮助公司选择最终合适的候选人,也可以向候选人表示公司对他的重视和认可。

有些公司在终轮面试的时候会安排多至七位高层管理者一起参与面试,这样的安排有利也有弊。有利的是可以让候选人感到公司对他的重视,从而提升候选人入职的意愿;不利的是可能会让候选人感觉公司的高层管理者日常很清闲,误以为公司人浮于事,从而会降低其入职的意愿。因此,如果多位高层管理者一起开展终轮面试,那么为了让候选人有更好的感受和体验,面试官可以在面试的时候强调一下各位高层管理者如何积极配合候选人的时间开展这次面试。

由于邀请高层管理者参与终轮面试的时间成本较高,所以公司具体安排哪些人做终轮面试的面试官应根据公司的实际情况而定。总的来说,适合做终轮面试的面试官应当对公司的文化、价值观、理念、社会影响等无形资产了然于胸,最终能够确保招聘到与公司文化相匹配的候选人。

此外,作为终轮面试官要注意的是,对于职责重要的岗位,如果发生人员流失,招聘成本非常高,因此最终的录用决策应建立在首轮和二轮面试对于候选人能力认可的基础上;然后再进一步对重要岗位的候选人在稳定性和发展性层面进行评估,考察候选人的三观是否与公司匹配,并评估候选人的个人职业发展是否在公司相对可接受的时间和范围内。如果这些都可以达成一致,那么基本上就可以走后续的流程。

终轮面试官需要规避的问题

公司的高层代表了公司的文化、价值观,在面试的时候他们的一言一行都代表公司真实的决策,因此终轮面试官不仅要像首轮面试官一样注意规避一些基本的面试提问禁区,还要规避过分夸大本公司贬低其他公司,以及宣扬违背国家法律法规和社会公序良俗的问题。因为首轮面试官提出相关问题,候选人有可能认为是首轮面试官个人的思想问题,而终轮面试官提出相关问题,候选人会认为这不是个人问题而是整个公司的文化问题。

某面试官在招聘中直接强调公司要执行"007（从零点到零点，一周七天不休息）"的工作制，告知应聘者可以选择住在办公室，办公室有床。

终轮面试阶段，公司 CEO 亲自与候选人沟通。沟通的时候，CEO 提到了"007 工作制"，并强调 007 是录用的一个必备条件，不是在开玩笑。候选人再三与 CEO 确认 007 是强制的工作制度，表示自己不能接受，最终面试不欢而散。面试结束后，候选人直接将相关信息曝光在社交媒体上，并投诉到相关部门，最后该公司被相关部门监督并要求限期整改。

所以作为终轮面试官更加要谨言慎行，要尽可能规避一切影响面试结果，对公司可能造成负面影响，甚至带来法律风险的问题。

二、薪酬谈判的准备

薪酬谈判在终轮面试中是非常重要且难度相对较大的一个环节，甚至直接决定了候选人的去留。为此，终轮面试的面试官要做好薪酬谈判的准备。

马斯洛理论：评估候选人的需求

薪酬谈判的前提是面试官要清楚候选人对薪资的需求，只有基于候选人的需求展开谈判，才有利于达到事半功倍的效果。

那么，面试官如何评估候选人的需求呢？我们可以运用马斯洛需求层次理论深入分析候选人的需求。

马斯洛需求层次理论是由社会心理学家马斯洛提出的,该理论将人的需求分为五个层次,从低到高依次为生理需求、安全需求、社交需求、尊重需求和自我实现需求,如图 6-1 所示。

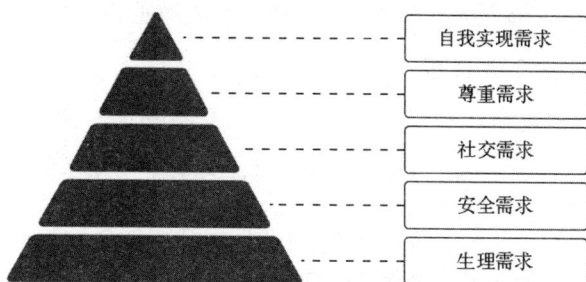

图 6-1　马斯洛需求层次理论

(1)生理需求

生理需求是人们最底层、最重要的需求,包括对食物、水等的需求。当候选人工作只是为了满足生理需求时,那么工资高低就是他们求职的核心标准。例如,有些生产制造型企业的员工会为了 100 元的薪酬差异而选择跳槽。

(2)安全需求

安全需求是指候选人希望工作稳定,能够受到保护。这就意味着候选人不仅关注薪酬的高低,更关注公司的规范制度是否完整,是否强调职业保障、福利待遇,是否提供医疗保险、失业保险、生育保险等,这类候选人更希望从事执行的工作。

(3)社交需求

社交需求是指候选人希望在工作中与其他人建立情感连接,

能够在工作中拓宽视野,获得成长,这类候选人更希望从事与人打交道的工作。

(4)尊重需求

尊重需求是指候选人希望在工作中得到社会和组织的认可和尊重,这类候选人更希望从事可以得到他人敬重和认可的工作。

(5)自我实现需求

自我实现需求是最高层次的需求,是指候选人希望在工作中实现自己的人生价值和目标,这类候选人更希望从事自己喜欢的工作。

不同需求层次的候选人对薪酬的要求不同,所以为了做好薪酬谈判工作,面试官应掌握马斯洛需求层次理论并运用该理论对候选人的需求展开分析。

了解激发候选人应聘的动机

激发候选人应聘的动机也与候选人的薪酬要求息息相关。面试官通过对激发候选人应聘的动机的确认,可以评估候选人对薪酬的大致要求。

一般来说,面试官可以通过提问的方式了解激发候选人应聘的动机,如"您是出于什么原因投递了这个岗位呢?""对您来说,工作中最重要的是什么?薪酬还是发展机会?"等。在第三章第四节的"有关求职动机方面的问题"中我们介绍了询问求职动机的相关问题,面试官可以运用里面介绍的提问方式了解激发候选人应聘的动机。

候选人 A、B 进入了最终的面试环节,面试官提问候选人 A:"您是出于什么原因投递了这个岗位呢?"

候选人 A 回答:"坦白说,之前那份工作的薪资不是非常理想,每个月还完房贷和车贷,工资几乎所剩无几,而且我认为我的能力已经得到了提升,薪资也应当有所提升。所以,我想换一份自己能胜任的且工资相对高一些的工作。"

候选人 B 面试时,面试官提出了同样的问题,候选人 B 回答:"因为上一份工作没有发展空间,很难实现自己的价值,所以我希望可以换一份工作,获得更好的发展,实现自己的价值。"

对比候选人 A 和候选人 B 的回答,我们可以初步评估,A 更在乎薪酬,对薪资的要求比较高,而 B 更在乎工作的发展空间。了解这些信息后,面试官在与候选人谈判时才能采取相应的措施,达到令双方都满意的薪酬谈判结果。

评估候选人跳槽的原因

跳槽原因不同,候选人对薪酬的要求也可能不同,所以,在进行薪酬谈判之前,面试官还要对候选人跳槽的原因进行评估。

面试官可以通过提问的方式了解候选人跳槽的原因,例如,"为什么从上一家公司离职?""您选择换一份工作的原因是什么?"等。在第三章第四节的"有关经常跳槽方面的问题"中我们介绍了询问跳槽方面的问题,面试官可以运用里面的提问方式评估候选人跳槽的原因。

面试官提问候选人:"为什么从上一家公司离职?"

候选人回答:"因为上一份工作强度太大,几乎每天都要加班,根本没有自己的个人时间,而且下班也要保持上班的状态,几乎 24 小时待命,领导随时可能找你处理问题,无论早晚,无论你在干什么。"

上述候选人之所以选择跳槽是因为工作强度太大,从这个跳槽原因看,候选人可能希望这份工作可以轻松一点,对薪酬并没有太严格的要求,也许跟上一份工资差不多或略微高一些即可。

所以,面试官不要只会从候选人的跳槽原因中判断其会不会在公司有长久的发展,更要懂得从候选人的跳槽原因中初步评估其对薪资的要求,便于进行接下来的薪酬谈判。

三、薪酬谈判的技巧

薪酬谈判是每个面试官都必须具备的专业知识,薪酬谈判的成功与否可能直接决定候选人的去留。

什么时候谈钱

在合适的时候做合适的事情才能达到事半功倍的效果,薪酬谈判也是如此。那什么时候谈钱呢?

一般情况下,建议面试官在确认录用候选人的时候跟他谈钱,因为如果我们没有录用候选人的意向,那么花费心思谈钱就等于做无用功。但是对于一些高级职位,面试官也可以先谈钱再谈其他事情,因为高级职位的候选人通常比较关注薪酬待遇,如果薪酬待遇谈不好,那么他们可能不想进一步谈论其他事情。

总结来说,什么时候谈钱应当根据岗位性质而定。如果招聘岗位是市场上受众面很广的职位,很容易招聘到合适的候选人,那么越晚谈钱越好;如果招聘的岗位是人才比较稀缺的岗位,很难招聘到合适的候选人,那么建议面试官尽量早一点将薪酬的事情谈好,然后再沟通其他事情。

怎么谈钱

找到了合适的谈钱时机并不意味着薪酬谈判一定会成功,面试官还应当掌握谈钱的技巧。那么,面试官应当怎么谈钱呢?

面试官谈钱的时候可以从以下两个方面入手:

(1)公司本身的预算

大多数公司都有自己的薪酬体系,有明确的定薪依据、薪酬预算,并不是面试官想开多高的工资就开多高的工资。所以,面试官在跟候选人谈钱之前要了解公司薪酬体系,了解招聘岗位的预算是多少,然后基于岗位预算与候选人进行薪酬谈判。

> 例如,前台文员的预算是 4 000 ~ 5 000 元,那么面试官在与候选人谈判薪酬时就要围绕这个区间展开。

(2)候选人自身的期待

除了公司本身的预算外,面试官还要了解候选人自身对薪酬的期待,这样才能"知彼知己,百战不殆"。

大多数候选人跳槽的原因是想获得一份薪酬更高的工作,那么这些候选人自身对薪酬的期待就比较高。面试官在与这类候选人谈判薪酬时就要关注他们上一份工作的薪酬是多少,了解候选人对当前岗位薪资的期待空间。

当然,也有一些候选人,如应届毕业生或者因为种种原因被单位辞退或优化的候选人,他们对薪酬的要求一般不高,甚至可以说只需要一份工作能够保障他们的生存就行,那么对于这类候选人,谈钱就比较容易。

总而言之,面试官需要在薪酬谈判之前通过提问、沟通的方式了解候选人对薪资的期望,期望的程度和可接受程度,然后结合公司的薪酬制度制定相应的薪酬谈判计划,力争取得双方都满意的薪酬谈判结果。

谈钱的方式不是固定的,薪酬体系也不应当是固定不变的,如果遇到了非常合适的候选人,那么面试官也要适当优化、调整薪酬制度,以留住候选人,但是切不可擅自作主张,应当与相关负责人商讨之后再定论。

如何讨价还价

在薪酬谈判的过程中,面试官应当如何讨价还价,才能做到薪酬既能满足候选人的需求,又能控制公司的用人成本?

有不少社交媒体、专业咨询公司的市场报告以及同行协会都会定期或者不定期地分享不同岗位的薪资福利情况。面试官可以实时搜集相关信息,并且结合本公司的利润情况和战略定位来制定相应的预算。

一般来说,候选人在选择公司的时候会从公司的社会口碑形象、薪资福利待遇和专业技术对口这三个维度来进行思考,因此公司要对自身作一个准确的定位,基于定位制定薪资预算的上下限。如果公司口碑响亮、形象良好,候选人络绎不绝,那么薪资定位可以适当放低;如果公司口碑一般,或者关键岗位专业技术小众,关键候选人稀缺,那么就需要适时调高薪资定位,增加激励措施。

如何说服候选人

薪酬谈判的最终目的是说服候选人认同薪酬,激发候选人的入职意愿。那么,面试官应当如何说服候选人呢?

(1)尽量先让候选人提出薪资期望,并评估其薪资期望与岗位的匹配程度

面试官在薪酬谈判的过程中,应尽量先让候选人提出薪资期望。然后,面试官应评估候选人的薪资期望与岗位的匹配程度,再根据匹配程度采取相应的谈判措施,说服候选人。

一般来说,薪资期望与岗位不匹配主要体现在候选人的薪资期望远远超过该岗位的薪资预算,这种情况下,面试官应告知候选人该岗位的薪酬标准,并表示该岗位有很大的发展空间和涨薪空间,以说服候选人降低薪资期望,认同并接受该岗位的薪酬标准。

(2)向候选人分析公司薪资的组成部分以及价值

如果面试官只是单纯地谈工资是多少钱,那么候选人只会盯着一串数字,一旦这串数字不能满足他的预期,候选人就会不满意,入职意愿就会降低。所以在薪酬谈判环节,为了说服候选人,面试官就不能只是单纯地谈钱,而应当向候选人分析公司薪资的组成部分以及价值,让候选人可以看到数字之外的更多价值,从而增强其入职意愿。

> 某公司的薪酬组成部分包括基本工资、住房补贴、用车补贴、用餐补贴、五险一金(养老保险、医疗保险、失业保险、工伤保险和生育险,住房公积金)、健康体检,还有股票期权、带薪休假、培训等非现金式以及其他福利待遇。

或许原本的薪酬并不符合候选人的意愿,但是了解到公司还能提供这些福利待遇后,他们的想法很可能会改变,所以,面试官要让候选人知道该岗位的价格,更要让他们看到该岗位的价值。

（3）评估候选人的职业发展生涯,有针对性地说服

候选人的职业发展生涯不同,其对薪酬的期望和要求也不同,所以面试官可以通过评估候选人的职业发展生涯对其进行针对性地说服。

> 一般20岁到30岁是职业尝试期,如果候选人处于这个时期,那么面试官在进行薪酬谈判的时候可以强调公司能够为其提供的成长发展规划。
>
> 30岁之后是大多数候选人成家立业的时期,他们更关注岗位的发展性,所以如果候选人处于这个时期,那么面试官在

进行薪酬谈判的时候,可以着重强调岗位与其职业发展阶段的匹配程度。例如,您现在这个年龄差不多应当晋升到高级经理岗位。

40岁之后候选人处于上有老下有小的人生阶段,更需要稳定性,所以如果与处于这个阶段的候选人进行薪酬谈判,面试官可以聚焦稳定性以及工作生活平衡。例如,上班地点与家庭的距离、弹性工作时间等。

(4)根据候选人提出的要求和公司的战略目标进行权衡并说服

候选人通常会对薪酬提出要求,但是公司不能一味地满足候选人的要求,还要看候选人提出的要求与公司的战略目标是否匹配,然后根据匹配程度进行权衡并说服候选人。

可以先报一个相对低一点的价格压低候选人期望,然后再通过内部协商沟通给出正式的薪资。

谨记马斯洛需求层次理论。越是处于马斯洛需求层次底层的候选人,越在乎到手的收入,对于这类候选人,我们应该更多地强调收入的增长量和到手收入的提升;越是处于马斯洛需求层次上层的候选人,他们越不关注单纯的收入,而更在乎自我实现,因此如果候选人的当前收入已经相对丰厚,那么在进行薪资谈判时面试官就可以更多从个人发展层面对其进行引导。

第七章　完美收尾：新员工的录用与入职

　　面试官一定会善始善终，既能做好面试开始前的准备工作，把控好面试过程中的每一个环节，也能完美收尾，做好新员工的录用与入职工作。

场 景 演 练

　　副总裁助理的候选人终于辞掉了上家的工作，顺利来公司办理了入职。在他报道后，你检查了他的学历证明、离职证明等材料，协助他完成公司的入职流程办理，然后给他作了入职介绍，让他更好地了解公司、组织架构、规章制度等。你还计划在候选人入职第一天、第一周和第一个月分别与他进行沟通，以便了解他的工作情况，及时给予帮助。

一、结束面试

　　面试官普遍比较重视面试的开始，为了给候选人留下一个良好的印象，会注重礼仪礼节和其他注意事项，却很容易忽视面试结束环节。在一些面试官看来，面试结束环节很多事情已经成为定局，无须再注重礼仪。实际上，面试结束并不意味着一切已经成为定局，候选人很可能因为面试官在结束面试的环节做了某件事或者没有做某件事而选择加入或者放弃加入公司。所以,面试官要注重面试的开头,更要注重面试的结束,否则很容易输在最后一步。

感谢应聘者

在实际的面试中,比较常见的是面试结束后,应聘者对面试官表示感谢,如"感谢贵公司给我这次面试机会,能坐在这里与贵公司的精英们一起交流,我感到非常荣幸。期待能够得到贵公司的赏识,谢谢你们。"我们一直强调面试是一个互相选择的过程,所以面试官不能认为应聘者表示答谢是常理之中的事情,我们不需要给出反馈,这样会降低自己的身份,这种认知是错误的,面试官也应当在面试结束后感谢应聘者,既表示对应聘者的尊重,也能体现面试官及公司的人文关怀,可以进一步增进彼此之间的感情,利于安排接下来的工作。例如,"非常感谢您来参加这次面试,希望能再次见面。"

面试官向应聘者表示感谢时应注意以下几点,如图 7-1 所示。

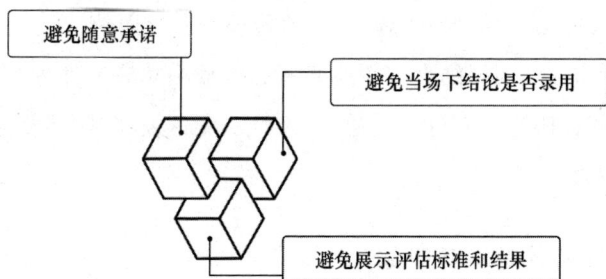

图 7-1　感谢应聘者时的注意事项

（1）避免随意承诺

面试官在感谢应聘者时要注意的是，并不是所有应聘者都会被录用，所以这个时候只对其前来参加面试表示感谢即可，应避免随意的承诺。例如，"非常感谢您来参加这次面试，您一定可以拿到理想的薪酬。"这种随意承诺的最后结果很可能是候选人没有被录用，更谈不上拿到理想的薪酬，这样很可能会给面试官乃至公司造成一定的负面影响。

（2）避免当场下结论是否录用

一般情况下，面试结束后所有面试官会再进行一次商讨，然后作出录用决策，也就是说，面试结束时并不确定应聘者是否录用，所以这个时候，面试官应避免当场下结论告知应聘者是否录用，即便面试官已经有很大把握会录用或者不予录用应聘者，也不应当场告知其结果，因为后期可能还会出现一些变数。

（3）避免展示评估标准和结果

面试官内部成员知晓评估标准及结果即可，并不需要展示给应聘者，因为应聘者并非一定会认可我们的评估标准和结果，他们很可能在这个关键时刻提出一些质疑，一旦应聘者提出质疑，他们就很有可能会放弃这份工作，甚至会传播一些负面信息。

总而言之，面试结束感谢应聘者的时候简单表达谢意即可，不必为了留住候选人而过多表达，因为过多表达很容易起到"画蛇添足"的效果。

告诉应聘者答复时间

无论是对于面试官而言还是对于应聘者而言，时间都是非常重要的,尤其是对急于找工作的应聘者而言,他们希望尽可能早一点收到录用与否的答复,这样一来可以打消他们的疑虑,二来如果没有被录用他们也可以继续找下一份工作。

王琳参加了一场面试,但是一周后并没有收到答复。王琳跟朋友说:"我等了一周了,现在十分焦虑,而且也比较纠结。我不知道是继续等,还是继续找新的工作。我怕到时候我接受了下一家公司,这家公司又录用我。相比较而言,我还是期待加入这次面试的公司。"

朋友询问:"面试结束后,面试官没有告诉你大概什么时间答复你吗?"

王琳回答:"没有明确告知,只是说会尽快通知,让我回来等。"

朋友皱着眉说:"就这种不明确的答复,我觉得这个面试官也不太专业,或者这家公司也不怎么样,你还是不要等了,继续找下一家吧。"

所以为了避免以上问题产生,面试结束后面试官应明确告知应聘者答复时间。

那么,面试官应如何告诉应聘者答复时间呢?

一般来说,面试官可以根据招聘岗位性质、特点推测大致的答复时间,具体见表7-1。

表 7-1　不同招聘岗位的答复时间

招聘岗位性质、特点	答复时间
大规模招聘	1～2 周
急招岗	1～3 个工作日
普通岗位	1～7 个工作日

（1）大规模招聘：1～2 周

如果企业规模庞大、部门较为密集，招聘岗位较多、手续相对烦琐，那么答复时间自然会受到影响。大部分大规模的招聘通常会在 1～2 周之内给出答复。

（2）急招岗：1～3 个工作日

如果是非常着急的岗位，那么答复速度通常会比较快，因为企业急需用人，耽误一天就等于浪费一天的人力资源。一般来说，急招岗会在 1～3 个工作日给出答复。

（3）普通岗位：5～7 个工作日

对于企业常年都在招聘，或者招聘需求不是非常急迫的岗位，答复时间通常在 5～7 个工作日。

不同企业、不同部门、不同岗位、不同招聘规模的答复时间存在一定的差异，所以面试官应根据具体情况给出答复时间，但要本着"尽早答复"的原则，避免让应聘者焦虑地等待，同时还可以宣传公司工作积极的文化。

送应聘者出公司

面试结束后，面试官可以亲自送应聘者出公司，也可以安排前台行政人员或其他人送应聘者出公司,这样做可以体现对应聘者的尊重,利于进一步增进双方之间的情感,给应聘者留下良好的印象,从而提升应聘者选择企业的意愿。

送应聘者出公司时应注意以下几个细节:

(1)送出大门口或送至电梯口

如果公司在一楼,那么应当将应聘者送至大门口;如果公司在高层,有电梯,那么应当送至电梯口并帮应聘者按电梯,且要陪伴对方等电梯,直到对方进入电梯。

(2)简单道别

离别之时可以跟应聘者进行简单的道别,如"希望下次有机会再见面。"虽然这位应聘者并不一定会被录取,下次并不一定有机会见面,但是这样的道别能够让应聘者感到很温馨,能够加深应聘者对企业的好感,利于企业的对外宣传。

送别时的礼节或许不止这些,面试官可以学习相关礼仪礼节,尽可能做到最好,但无论如何一定不要在应聘者离别时面无表情,表现出无所谓、不耐烦的感觉,与迎接候选人时热情、积极的态度形成鲜明对比,这样只会让应聘者产生巨大的心理落差,即便双方的匹配程度很高,应聘者的入职意愿比较强,也很可能因为面试官忽视了送别的礼仪礼节而放弃入职。

目送应聘者背影离去

目送应聘者背影离去是一个比较小且很容易被面试官忽视的细节,但却是一个对面试结果影响较大的礼节。因为目送是一个非常暖心的礼节,对于情感需求比较强的当代应聘者而言,或许这个暖心的礼节能够成为他们选择应聘公司的一个重要因素。

林文和张娟是大学同学,某日,两人分别参加了一场面试。

面试结束后,林文说:"虽然不知道今天的结果如何,但是我真的很喜欢这家公司的文化和氛围。我出来的时候,前台的工作人员送我到电梯口,帮我按了电梯,还跟我说'希望以后可以成为同事。'一直陪我等到电梯来,我进入电梯后,她还冲我微笑、挥手,目送我离开。"

张娟羡慕地说:"你怎么运气这么好,遇到这么好的公司。我面试的那家公司看上去不错,但是面试官都好冷漠,别说目送我离开了,面试结束后只说了一句'面试结束了,你回去等通知吧。'然后转身就去忙自己的事情。"

林文说:"所以我很希望加入这家公司,即便薪酬没有达到我的预期,但是想想能跟懂礼貌、有礼节的人成为同事也已经是一件很轻松、愉快的事情了。"

张娟说:"我也这么认为。所以无论我有没有被这家公司录用,我都不打算去了。"

"细节决定成败",目送应聘者的背影离去,看似一件小事,一个小的细节,但是对于应聘者来说这就是最大的尊重,能够深深地打动他们,影响他们的决策。即便他们没有被录用,他们也会起到一个很好的宣传公司文化的作用。所以结束面试后,面试官也要注重礼仪礼节,致力做好每一个细节,为面试画上一个完美的句号。

二、后续评估与反馈

面试结束后,面试官要对面试结果进行评估,将面试结果反馈给业务部门,并与业务部门一起协商,然后由业务部门的面试官作出录用与否的决定。

候选人的评判与筛选

面试结束后,面试官的首要任务是根据面试中获得的信息对候选人进行评判与筛选,对候选人进行评估与筛选可以运用第二章中介绍的工具,如胜任力模型、面试维度和甄选标准。面试官可以基于岗位胜任力模型了解岗位需求,然后基于岗位需求筛选制定面试维度,再根据面试维度制定甄选标准,最后根据甄选标准对人才进行评判与筛选,选拔与招聘岗位更匹配的人才。

面试官除了要学会利用相关工具对人才进行评判与筛选,还应注意以下几个问题:

(1)待面试完所有应聘者后一起评判

为了提升评判的效率,建议面试官待面试完所有应聘者后一起评判。面试官在对应聘者进行评判前应认真整理好每一位应聘者的资料,包括简历、面试过程中提出的问题或回答的问题等;然后面试官可以依据这些信息,并参照不同岗位的要求和评判标准对每一位应聘者作出公平、公正的评判。

(2)每个职位挑选 2~3 位候选人

对候选人进行评判后,面试官可以依据评判结果评估候选人

与招聘岗位的匹配程度,然后由高到低排序,每个职位挑选前 2~3
名作为候选人推荐给用人部门。

对候选人进行评判与筛选是面试后续工作中较为关键的工
作,决定了能否筛选出与岗位匹配程度较高的候选人,所以面试官
需要认真、谨慎做好这项工作。

避开评估候选人的误区

为了确保对候选人评估的准确性,面试官在对候选人进行评
估时一定要注意避免以下几个评估误区,如图 7-2 所示。

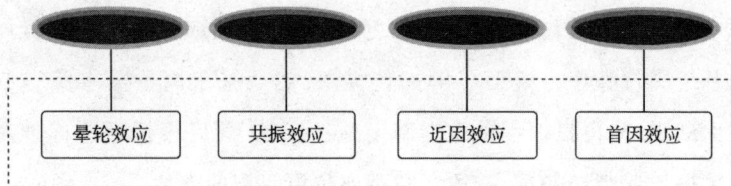

| 晕轮效应 | 共振效应 | 近因效应 | 首因效应 |

图 7-2　评估候选人的误区

晕轮效应、首因效应和近因效应在第五章的"二轮面试官需要
规避的问题"中已经做了介绍,实际上因为后续评估环节的执行人
员和二轮面试官会有所不同,所以在对候选人进行评估的时候同
样要注意规避这三个误区。

共振效应,又称为"心理共振""共鸣效应",是指面试官或评估
者会对能够引起他们心理共鸣的人印象更加深刻,这种心理也会
影响评估的准确性,所以应当规避。

除了以上几个误区之外,在面试评估环节,面试官还要特别注

意候选人的求职动机。良好的求职动机意味着候选人拥有较强的主观能动性，并乐于融入当前公司与组织共同发展。然而如果候选人的求职动机仅仅是为了逃离现有的岗位或者更高的薪资或岗位，那么该员工在工作中的消极情绪可能会延续到新的岗位中。因此，候选人求职的动机首先应该是喜欢这份岗位的工作内容，其次是喜欢这家公司。当然，良好的工作动机并不是要抹杀员工获得更高的物质需求，而是强调主观动机层面的重要性。

确定推荐给部门的顺序

对候选人进行评判与筛选后，面试官要将合适的候选人推荐给用人部门。不同的推荐顺序对录用结果会存在一定的影响，例如部门领导可能对先推荐的人印象比较深刻，录用意向更强。为了避免这种情况出现，或者说为了更公平、公正地推荐候选人，面试官应当确定合适的将候选人推荐给部门的顺序。

一般情况下，面试官可以按照以下两种顺序推荐候选人：

（1）按照时间顺序推荐

按照时间顺序推荐，也就是按照面试的标准流程推荐，即谁先面试，谁先评估就先推荐谁。

候选人 A、B、C 同时参加了一场面试，面试顺序依次为候选人 A、候选人 B、候选人 C。如果 A、B、C 都符合岗位要求，那么面试官将三位候选人推荐给部门的时候就应当按照时间顺序推荐，即先推荐候选人 A，再推荐候选人 B、C。

按照时间顺序推荐是比较常见的一种推荐顺序,换句话说,常规的面试都可以按照这种顺序推荐。

(2)按照第一轮面试中候选人评价优劣的顺序推荐

按照第一轮面试中候选人评价优劣的顺序推荐也是面试官常用的一种推荐顺序,这样既能保证推荐的公平性和公正性,又能帮助部门作出最优的录用决策。

第一轮面试中候选人评价优劣的顺序还可以细分为以下三种:

①先好后差

对于一些人才比较稀缺而且用人部门期待较高的岗位,如果面试过程中遇到表现较好的候选人,那么面试官可以先推荐最好的,然后再推荐次好的……这种推荐顺序可以让用人部门了解市场情况,适当降低期望。

②建立标杆

针对一些新开设的岗位,面试官可以优先选择几个特色不同的候选人推荐给用人部门,让用人部门面试。大致清楚用人部门对岗位胜任力的定位后,面试官可以根据该定位筛选人才,并将与岗位胜任力较高的优先推荐给部门。

③均衡分布

针对招聘量比较大的初级职位,面试官可以将第一轮面试中反馈较好的和一般的均衡安排推荐,方便用人部门迅速通过比较了解市场行情并作出录用决策。

面试官推荐候选人的顺序并不是固定不变的,具体按照什么样的顺序推荐,还应跟用人部门商量之后再定。

落选反馈

落选反馈是指对于未能录用的候选人给出回复。理论上讲,负责任的公司应当给出落选反馈。相比发 offer,一些面试官认为落选反馈是一件非常不好做的事情,在反馈的过程中他们很可能遇到以下几个问题:

①**无储备候选人**

已经确定的候选人不一定会接受聘用,需要其他候选人留作备用,而提前给出落选反馈可能会导致无候选人储备的情况,最终的结果是之前所有的面试工作都付诸东流。

②**落选反馈需要花费一定的时间**

无论是规模较大的招聘还是一般的招聘,可以肯定的是,落选的人数通常比录用的人数多,如果要对每一位落选的候选人进行反馈,将花费大量的时间和精力,对企业来说也是一种成本。

③**落选反馈过程中很可能会遭到候选人的质疑或挑战**

例如,"是否能告诉我哪里做得不好?""我认为你们的评判标准显失公平。"面对这种情况,面试官要采取相应的措施,花费一定的时间应对,而且应对不好,很可能会影响候选人对公司的看法,甚至会起到负面的宣传效果。

综上几点看,落选反馈工作的确不好做,但面试官并不能因为这些问题就不去做这件事,而应采取相应的措施应对以上问题,做好落选反馈工作。一般情况下,对于海选的初级职位,建议面试官发送统一的落选邮件,其他岗位可以在面试结束的时候说"我们会进一步讨论,后续再联系。"等录用结果确定后,再以邮件的形式进行落选反馈。

在进行落选反馈时,面试官一定要做到简单直接。一些面试官认为落选反馈对候选人来说是一个不好的消息,会打击候选人,因此他们往往会委婉地表达,如"您在整个面试过程中表现得非常优秀,每个面试官都很看好您,但是我们这个职位更倾向找一个擅长××技术的人才,您在这方面尚有欠缺,所以,非常抱歉地通知您,您没有通过这次面试,我们没有录用您……"这种表达的确比较委婉,但是对于急于知道结果的候选人来说,他们更希望可以获得简单直接的反馈。

所以,落选反馈要一开始就开门见山地告知他们是予以录用还是拒绝。

如"经国内公司领导层讨论决定,您落选了。对于您的才能、学识、素质修养我们都很认可,但招聘名额有限,我们只能割爱。后续如果还有招聘名额,我们会优先通知您,祝您生活愉快。"或者可以更简单直接"感谢您申请我公司的职位。我们认为您的履历很优秀,在面试中的表现也很好,只是与该岗位的匹配度不高,因此我们很遗憾地通知您无法录用,希望您能理解。"

三、工作背景调查

工作背景调查是指用人单位通过合理合法的途径核实求职者履历信息的真实性的过程,是保证招聘质量的重要手段之一。对整个面试而言,工作背景调查十分必要,因为候选人提供的信息很可能与真实信息存在偏差,如果面试官没有发现这个问题,那么很可能为公司招聘一个不合格的人才,增加企业的用人成本,甚至还会带来一些法律风险,给公司造成经济损失。

> 某候选人在整个面试过程中表现十分突出,面试官发录用申请书之前对其进行了背景调查,调查发现候选人学历造假,这种情况下,即便该候选人的其他条件都非常好,但学历造假是非常大的诚信问题,公司也不会录用这位候选人。

所以面试官不能忽视背景调查的重要性,更不能让背景调查沦为形式主义,而应当认真做好这件事。但是并非每一个职位都要进行背景调查,工作背景调查一般针对中高级这类相对比较重要的岗位以及一些有特殊需求的岗位(如金融、政法、保密等特殊行业)。

通常,面试官可以通过以下几个渠道对候选人提供的信息进行核实:

a. 通过联系候选人提供的证明人核实。证明人一般包括一位平级/下级和一位上级，可以通过电话沟通。

b. 通过国内学历学位证书查询、核实候选人的学历信息。

c. 如果候选人是境外学历，那么可以通过中国教育部留学服务中心进行查询、核实。

对候选人进行背景调查不仅可以确定候选人提供信息的真实性，还可以确定候选人的基本人品、社会关系和人际关系，利于面试官作出更加正确的录用决策。

背景调查的基本内容

公司、部门、职务、职位、工作年限是背景调查的基本内容。

(1)公司

对候选人工作过的公司进行调查，一是核实候选人是否在这家公司任职过；二是可以通过对其前公司的了解，如了解其行业地位、行业性质，初步评估候选人的能力与招聘岗位的匹配程度。例如，候选人的前公司是世界500强，候选人在岗期间取得了不错的成绩，那么可以说明候选人的能力不错。

面试官在调查候选人的前公司时要注意的是，候选人的简历中可能提及好几个前公司，但是面试官无需对提及的公司一一进行调查，因为这样不仅工作量较大，而且对于年限太久的任职公司，即使进行背景调查，也有可能存在较大的信息差错。所以，通常建议调查候选人三年内就职过的公司。

（2）部门

对候选人的部门进行调查，一是核实候选人是否在该部门任职过，二是可以对其所在部门进行了解，如部门所取得过的业绩、部门性质等，对候选人的能力进行初步评估。例如，如果该部门是公司的王牌部门，为公司创造了很高的业绩，那么可以说明候选人的能力尚可。

（3）职务

职务代表身份，是指候选人在组织中所担任的角色以及这个角色赋予他的身份，例如候选人在以前的职务中担任部门主管或小组组长。对候选人的职务进行调查，一是核实其职务的真实性，有部门候选人为了夸大自己的实力，很可能存在职务造假的问题，例如，候选人只是一个普通职员，但是却说自己担任小组组长的职务；二是通过候选人的职务对候选人进行初步评估。职务较高的人通常比职务较低的人综合能力更强，或者具备职务较低的人所不具备的某项能力。所以，面试官可以通过职务初步评估候选人的能力。

（4）职位

职位代表工作，是指候选人所从事的工作类别，如销售、行政文员。对候选人的职位进行调查，一是核实候选人是否从事过该职位；二是可以了解该职位的性质、任职要求等，然后与招聘岗位进行对比，初步评估候选人与招聘岗位的匹配程度。例如，候选人之前从事的行政文员职位，从未接触过销售类工作，那么可以初步评估候选人可能不是非常适合招聘的销售岗位。

（5）工作年限

对候选人的工作年限进行调查，一是核实候选人的工作经历，二是可以通过候选人的工作年限了解候选人的工作经验。在调查候选人工作年限的时候要注意每份工作的具体年限是多少，不同工作之间是否存在空档期，这些也是录用与否的参考依据。

离职前的薪资水平

对候选人离职前的薪酬水平进行调查，一方面可以核实候选人在简历中所描述的薪资是否正确，另一方面可以对候选人日后的定薪作为参考。那么，面试官应如何调查候选人离职前的薪酬水平呢？

（1）要求候选人打印工资流水

调查薪资水平比较常见的一种方式是要求候选人自己去银行打印工资流水，用来作为之前的薪资水平的证明。但要注意的是，这种方式一定是建立在候选人愿意的前提下，否则很容易引起候选人的不满。

（2）联系前公司

面试官可以联系候选人前公司的相关人员，如人力资源部门人员，咨询候选人的薪资水平。

（3）委托第三方公司

面试官要可以委托第三方公司对候选人的薪资水平进行调查。一般这种方式主要针对工作背景比较复杂、薪酬构成比较复杂的候选人。

社会保险、档案所在地

在工作背景调查中，一些公司也会对候选人的社会保险和档案所在地进行调查。

社会保险是《中华人民共和国劳动合同法》中明文规定企业给员工提供的强制性保险，包括工伤保险、失业保险、生育保险、养老保险、医疗保险等五个险种，社会保险在一定程度上保障了劳动者的合法权益。对候选人的社会保险进行调查的作用是可以根据其社会保险的缴纳情况推断候选人的工作经历和工作过程。但实际上，有更加直接的方式，如询问前公司的相关人员，了解其工作经历和过程，而无须通过社会保险推断。如果公司有这方面的需求，那么可以对其社会保险进行调查，如要求候选人提供社会保险缴纳记录。

调查候选人的档案所在地，便于面试官调档查看候选人有没有记载违法或者不良记录，是比较简单、直接的一种调查渠道。

工作表现

候选人在工作中的表现能够直观地体现其各方面的能力，所以工作表现也是工作背景调查中不可缺少的内容。那么如何调查候选人的工作表现呢？

面试官可以致电候选人的证明人，如候选人的上级领导、部门同事、人力资源部门主管等，通过他们了解候选人在工作中的表现。

(1)上级领导

候选人的上级领导是对候选人的工作表现比较了解的人,他们可以对候选人的相关工作能力作出评价。例如,候选人的工作态度、取得的成就、专业能力、优点、不足之处、团队合作能力、抗压能力等。

(2)部门同事

除了上级领导外,对候选人的工作表现比较了解的人就是部门同事,面试官不仅可以通过部门同事,了解候选人在工作业绩方面的表现,还可以了解候选人的人际关系、团队意识等。

(3)人力资源部门主管

人力资源部门主管通常会负责人事管理工作,因此对公司的每一位员工都有一定的了解,所以面试官也可以通过询问人力资源部门主管了解候选人在工作中的表现;同时,还可以通过人力资源部门主管了解候选人离职原因、入职时间、薪酬水平、劳动合同、竞业协议等信息,可谓一举多得。

劳动合同是否解除

在候选人的背景调查中,核实劳动合同是否解除是非常关键的一项工作,因为如果存在劳动合同未解除的情况,很可能给公司带来法律风险。

大多数情况下,候选人在入职新公司时会自觉做到先离职再入职,只与一家公司签订劳动合同,但是不排除有些候选人为了谋取更多的利益,同时与两家甚至多加公司签订劳动合同。

张倩入职某化妆品公司半年,面试时在应聘表上填写的最后一份工作的结束时间是××××年××月××日,期间有长达半年的空白期。张倩给面试官的解释是"中间6个月的空白期是离职后帮朋友做了一段时间的事情。"面试结束后,该公司评估张倩符合公司招聘岗位的要求,没做背景调查便直接录用。

入职的时候,张倩没有提交离职证明,解释为离职的时候前公司未开具离职证明,这边公司的面试官也没有提及。直到张倩前单位的负责人找上门才知道,原来张倩半年的空白期入职了M公司,到现在离职手续一直没有办理,还有账务没有结清,该公司多次联系张倩,张倩一直回避问题,M公司通过多方打听才找到张倩,并要求该化妆品公司协助处理。

张倩未与前公司解除劳动合同便入职该化妆品公司,会存在什么法律风险呢?

《中华人民共和国劳动合同法》第九十一条规定:"用人单位招用与其他用人单位尚未解除或者终止劳动合同的劳动者,给其他用人单位造成损失的,应当承担连带赔偿责任。"所以为了规避法律风险,面试官在做背景调查时一定要核实候选人的劳动合同是否解除。

核实劳动合同是否解除的方法主要有两种:一是要求候选人提供前单位开具的离职证明;二是打电话给候选人前公司的人力资源部门,确认候选人是否已经办理离职手续,解除劳动合同。

是否有不良记录

不良记录一般包括在公安机关留有案底的违法犯罪记录,法院宣判的记录,吸毒、卖淫嫖娼、参与邪教活动等违法违纪情况,被法院判定为失信人员,短期内存在治安处罚记录等。此外,谎报学历学位、伪造证书或资质、在上家公司出现严重违纪或者违反职业道德等行为也会被视为不良记录。在对候选人进行录用前,公司需要在主营业务和风险评估的基础上,明确背景调查中需要着重调查哪些问题,以及哪些不良记录是一定不能加以录用或应谨慎录用的。

一般,面试官可以通过调查候选人就读学校、之前工作岗位以及派出所出具的无犯罪记录证明来确认候选人是否存在不良记录。

是否有财务问题

无论招聘的是财务岗位还是非财务岗位,背景调查的时候都应当调查候选人的财务问题,尤其是财务岗位人员,因为财务问题可以反映候选人的人品、责任心等,更重要的是可以为公司规避财务风险。财务问题一般包括非法转移或侵占公司财产。

> 某员工负责公司年会采购工作,他从财务部支取了一笔备用金。年会结束不久,该名员工就提出了辞职,跳槽到另一家公司,但离职前他并没有全额归还剩余的备用金,也没有提供相关账目清单,更加令人匪夷所思的是,这位员工离职时还带走了公司的资产,包括电脑、办公文件用品等。

这位员工就存在典型的财务问题，即非法侵占公司的财产。一般情况下，候选人如果存在此类财务问题，公司一律不予录用，因为候选人可能会将这些问题带到新的岗位中。

但在实际的财务问题调查中，还需要面试官和候选人确认相关信息，并作出准确的判断，因为有时候问题可能并非出在候选人身上。例如，某候选人在入职后自行采购了人体工学座椅和键盘，在离职时就打包带走了，遭到该公司行政部门举报说侵吞公司资产，但是该候选人出具了自己私人购买的发票等证据自证清白。

总结来说，调查候选人的财务问题时一定要有充足的证据，既要为公司选择没有财务问题的候选人，也要避免误会候选人，为他人带去不必要的麻烦，甚至影响公司的声誉。

是否有刑事记录（犯罪记录）

很多公司的工作背景调查中都包含刑事记录调查这项内容，以确认候选人是否有刑事记录，但是刑事记录不是可以随意查询的，因为涉及个人隐私，且需要担负一定的法律责任。那么，哪些单位可以查询员工的刑事记录呢？

对于这个问题，公安部制定了《公安机关办理犯罪记录查询工作规定》，于 2021 年 12 月 31 日起施行，规定的主要内容如下：

（1）**谁可以查询**

哪些人或者哪些单位可以查询刑事记录呢？

①个人

个人可以查询本人犯罪记录。个人在一年内申请查询3次以上的,应当提交开具证明系用于合理途径的有关材料。

②单位

单位可以查询本单位在职人员或拟招录人员的犯罪记录,但应当符合法律、行政法规关于从业禁止的规定。

③行政机关、公证处

行政机关实施行政许可、授予职业资格,公证处办理犯罪记录公证时,可以依法查询相关人员的犯罪记录。

(2)如何查询

个人或企业可以通过哪些途径查询刑事记录呢?

①个人查询

中国公民:由其户籍地或者居住地派出所受理。

在中国境内居留180天(含)以上的外国人:由居住地县级以上公安出入境管理部门受理。

②单位查询

查询对象为中国公民:由单位住所地公安派出所受理。

查询对象为外国人:由单位住所地县级以上公安出入境管理部门受理。

(3)需要哪些材料

个人或单位查询刑事记录时需要准备哪些资料呢?

中国公民本人查询所需资料如下：

a. 在户籍地申请查询的，提交本人有效身份证明和查询申请表。

b. 在居住地申请查询的，提交本人有效身份证明、居住证和查询申请表。

外国人本人查询所需资料如下：

本人有效身份证明和查询申请表。

单位查询雇员信息所需资料如下：

单位介绍信、经办人有效身份证明、加盖单位公章的查询申请表，以及查询对象系单位在职人员或者拟招录人员的有关材料。查询申请表应当列明申请查询依据的具体法律条款。

综上，面试官在查询候选人的刑事记录时一定要依法办理，避免为公司带来不必要的法律风险。

为了尽可能防范招聘风险，面试官可以采用以下两种方式：

a. 在候选人填写的情况登记表中，增加"有无犯罪记录"一栏。

b. 在新员工入职时，要求新员工签署"无犯罪记录"的声明。

一般来说，一旦调查发现候选人有刑事记录一律不录用，尤其是一些特殊岗位，但具体情况还应根据公司性质、岗位性质以及刑事记录的详细情况而定。

四、录　　用

对候选人的工作背景调查结束且发现没有任何问题后,便可以进入录用环节。为了让候选人更好地融入新的环境,适应新的工作,面试官在录用环节还应做好离职辅导、上岗体检、录用手续、试岗培训等几项工作。

离职辅导

对于面试官而言,为用人部门选拔合适的人才非常重要,而为入职员工做好离职辅导也是同样重要的事情,可以帮助候选人更快地融入新的环境,适应新的工作。

离职辅导具体是指辅导候选人从原单位提出离职并顺利离职。在进行离职辅导时,面试官应如何做?要注意哪些事项呢?

(1)确定离职时间和上岗时间,提醒候选人提出离职申请

面试官确定聘用候选人之后就要与候选人确定离职时间和上岗时间,并且要提醒候选人向原单位提出离职申请,因为离职不只是提交离职申请,还会牵涉工作交接等一些烦琐问题。一般来说,候选人离职至少需要一个月的时间,很多职位较高的候选人离职的时间可能会更久,很可能长达两三个月,所以面试官应根据候选人职位的高低提醒候选人提出离职申请,以为离职预留充足的时间,这样如果遇到意外情况,也有足够的时间处理。

(2)辅助候选人按照公司规定完成交接工作

候选人提出离职以后,如果公司表示同意,那么候选人会面临较长时间的工作交接。有些交接工作比较烦琐,包括已经完成的工作、正在进行的工作、相关数据和资料等,在这个过程中,如果候选人需要帮助,那么面试官也要及时提供帮助。很多候选人会因为工作交接不好而耽误入职时间。

(3)辅助候选人办理合同解除手续

合同解除手续对候选人来说非常重要,因为关系五险的缴纳、档案的管理等。关于解除劳动合同的大小事宜,面试官都要告知候选人,并且要告诉候选人开具离职证明。离职证明不仅可以作为候选人的工作经历证明,还可以消除新公司的疑虑,避免一些法律纠纷。

(4)针对离职过程中可能出现的问题做一个预案

候选人在离职的过程中难免会遇到一些问题,例如,候选人在原单位提出离职时遭到领导的挽留或者拒绝。为了帮助候选人高效地应对这些问题,让其顺利地办理离职,面试官可以针对离职过程中常见的一些问题制定相应的预案。

例如,如果候选人上家单位以升职加薪作为留人手段,那么可以引导候选人做职业规划,比较上家和下家的差距以及对个人成长的影响;如果候选人上家单位不放人,那么可以引导候选人撰写辞职信,发送给直线经理和人事并抄送至私人邮箱,作为离职前1个月的通知。

(5)帮助候选人调整心态

离职辅导不仅要辅导候选人离职方面的事情,也要注重候选人心理方面的辅导,面试官应帮助候选人调整心态。候选人离职的时候多少会存在一些心理、情绪方面的波动,面试官应重视候选人的心理建设工作,辅助候选人制定职业生涯规划,个人发展目标等,了解其想法和顾虑,并提供帮助。

除了以上几点,面试官在辅助候选人完成离职工作时,还应注意以下两个事项:

①仅提供意见

仅仅为候选人提供意见,不能越俎代庖,擅自帮候选人作相关决定,如果这样做很可能给自己甚至公司带来不必要的麻烦,例如当候选人离职不顺利时,建议候选人据理力争,结果候选人与前单位大吵一番,闹得不可开交,最后怪罪于面试官。

②不要损害候选人的利益

辅导策略应尽量不要损害候选人的利益,如奖金、年终奖等,换句话说,面试官不能为了帮助候选人尽快离职,而建议候选人放弃任何利益,除非候选人自愿。

做好离职辅导是一件非常重要的事情,高效的离职辅导可以提升新员工的录用效率,所以,面试官不仅要提醒候选人办理离职,还要辅助他们做好离职工作。

上岗体检

上岗体检不仅可以给用人单位一个参考依据,还可以给求职人员作一个健康评估。体检结果是衡量员工能否胜任这项工作的重要指标,尤其是一些特殊岗位对身体健康有严格的要求。所以,上岗体检可以给用人单位一个参考依据,如果候选人的确存在一些身体方面的问题不能胜任岗位工作,那么就不能录用。同时,上岗体检还可以给候选人作一个健康评估,让候选人了解自己的身体状况,在今后的生活或工作中可以多加注意,以良好的身体状态、精神面貌投入工作中。所以,大部分公司在员工入职前都会安排上岗体检。

上岗体检一般涉及以下几个方面的问题:

> 查看身体有无残疾、先天性疾病、发育不良等;
>
> 查看主要脏器功能有无问题;
>
> 职业方面的疾病;
>
> 慢性病,如糖尿病、重度脂肪肝等。

新员工入职体检项目通常包括血常规、肝功能、心电图、胸透、内科、外科、眼科等。不同的行业、不同的岗位所做的体检项目不同,具体体检哪些项目应根据行业或岗位实际情况而定。

面试官可以将体检结果作为考量候选人是否能够胜任岗位的考量因素之一。但要注意的是南京江宁经开区法院于2019年9月发布的《劳动争议法官教你合法维权100条》中说明:"用人单位在招聘时,可以安排入职前体检,并可以将体检结果作为考量因素之一。但除国家对岗位有特殊规定外,用人单位不得在年龄、性别、婚育、既往病史等方面设置歧视性的录用条件。"

> 2019年9月20日,张良收到某公司的录用通知,同时收到一份盖有公章的体检介绍函,要求其前往指定医院体检,体检合格后再来公司办理正式录用手续。张良的体检结果为乙肝

病毒携带者,肝功能正常。公司人事部告知张良由于其为乙肝病毒携带者,所以不予录用。

随后,张良便向劳动争议仲裁委员会提起劳动仲裁申请,认为公司检查其乙肝两对半,且以乙肝病毒携带者为由拒绝录用的行为侵犯了其平等就业权利。

最后的结果是该公司对张良赔礼道歉,并赔偿精神损失费 60 000 元。

《就业服务与就业管理规定》中第三章第十九条提到,用人单位招用人员除特殊行业和岗位,不得以是传染病病原携带者为由拒绝录用劳动者,不得强行将乙肝病毒血清学指标作为体检标准。所以,张良的诉讼是合理合法的。

2022 年国家对上岗体检这件事又有了明确的规定,尤其是对乙肝和孕检这两个项目,相关内容大致如下。

2022 年 5 月 13 日,《国务院办公厅关于进一步做好高校毕业生等青年就业创业工作的通知》(国办委〔2022〕13 号)发布,文件第三项第(十四)条规定:"指导用人单位根据工作岗位实际,合理确定入职体检项目,不得违法违规开展乙肝、孕检等检测。对外科、内科、胸透 X 线片等基本健康体检项目,高校毕业生近 6 个月内已在合规医疗机构进行体检的,用人单位应当认可其结果,原则上不得要求其重复体检,法律法规另有规定的从其规定。用人单位或高校毕业生对体检结果有疑问的,经协商可提出复检、补检要求。高校可不再组织毕业体检"。

上岗体检虽然是一件比较常见的事情,且是一些公司录用新人的必经流程,但面试官一定要合理合法安排这件事,否则很容易给公司带来不必要的法律风险。

录用手续

新员工入职后,面试官需要协助新员工办理相应的录用手续。办理录用手续一方面可以证明录用员工的合法性,能够得到国家有关部门的认可;另一方面也是给新员工提供一个保障,避免其产生不必要的疑虑。

一般来说,新员工录用手续需要的材料有以下几种:

> 填写员工履历表,并交验各种证件;
>
> 一寸免冠照片三张;
>
> 身份证原件或户口簿复印件;
>
> 学历、学位证书原件及复印件;
>
> 资历或资格证原件及复印件;
>
> 与原单位解除或终止劳动合同的证明;
>
> 体检合格证明;
>
> 与员工签订劳动合同、保密协议、职位说明书等;
>
> 建立员工档案、考勤卡。

准备好相关材料后,人力资源部门负责人便可以帮助入职员工办理录用手续,这个时候,业务部门还应做好以下几件事:

负责安置座位,介绍并帮助熟悉工作环境;

安排专人为新员工提供辅导,介绍岗位职责和工作流程;

向新员工介绍团队成员和管理层;

将新员工的情况通过邮件或公司内部公告栏向全公司公告;

更新员工通讯录等。

不同公司的录用手续不同,面试官应根据公司的录用流程为新员工办理好录用手续,让新员工可以安心地上岗。

适岗培训

适岗培训是指针对不同岗位,公司自己组织或委托第三方培训机构为新员工量身打造适合岗位特性与要求的岗位培训,通过培训可以帮助新员工快速地适应岗位,提升工作效率。

一般来说,适岗培训的内容主要包括:组织及功能;组织的政策和规章制度;企业文化;工作安排与工作守则;安全及紧急情况程序、工作场所的介绍、工作本身的介绍。适岗培训的形式多种多样,面试官可以根据新员工的需求和喜好采取相应的培训形式,以最大程度激发新员工的参与热情和学习积极性。

通常,适岗培训不会过多地培训专业知识和技能,更多是帮助新员工了解本组织、本岗位的相关情况,这样可以帮助新员工更快地适应新的岗位,换句话说,新员工只有完成适岗培训才能从非组织成员变为组织成员。

五、入　职

入职是面试工作的最后一个环节,但是新员工入职并不意味着面试成功,因为新员工入职后很可能还会存在一些问题。所以,即便到了最后的入职环节,面试官也不能懈怠,还应当做好相关工作,确保可以顺利入职。

确认新人合格

新人入职后并不意味着他一定适合该岗位,所以公司通常会给新员工安排一个实习期,时间为 1 ~ 3 个月。在新员工的试用期,面试官尤其是业务部门的领导一定要关注新员工的表现,从而确认新人是否合格。

在新员工试用期,如何确认新人是否合格呢?

如果员工在试用期间的工作表现能够达成公司岗位的任职资格和岗位胜任的基本标准,那么说明其是合格的,所以,这个时候还要使用胜任力模型这个工具。

除了胜任力模型外,一些公司会制定专门的试用期考核制度,包括考核流程、评估标准,一般由人事部门和业务部门一起考核、评估,最终由业务部门领导作出决策,评估候选人是否合格。如果合格,那么可以根据候选人的表现安排转正;如果不合格,那么业务部门的领导还应进一步评估,不合格的新员工是否可以通过培训快速成长,成为合格的人才。如果答案是肯定的,那么可以继续观察一段时间再作决定;如果答案是否定的,那么应当果断舍弃这位新员工。

试用期确认新人是否合格是公司优化工作人员的一个重要组成部分,所以面试官和业务部门的领导应当重视并做好这项工作。

加速新人适应

新人的适应速度越快,越利于留住新人,帮助新人提升工作效率,所以面试官还应采取一定的措施加速新人适应新环境。

面试官可以从以下两个方面入手,加速新人适应新环境。

(1)给予温暖的关怀

新人就像一颗种子,他们需要阳光才能更好地成长,所以面试官首先要给予他们温暖的关怀。关怀主要分为两个方向,一是关怀个人融入新公司的情况,二是关怀个人工作熟悉情况。如果发现新人在这两个方面遇到了问题,那么应及时给予帮助。

(2)提供培训支持

为新人提供培训支持是最简单、直接的加速他们适应工作的方法。一般,公司可以在员工入职以后为其提供新员工入职培训,帮助员工迅速地融入企业文化,了解公司的组织架构、产品、服务和内部基本规章制度。

此外,公司还应提供上岗培训,让员工可以迅速上手工作。培训的方式可以多样化,满足新人的不同需求。例如传帮带培训方式,直线领导或者资深员工一对一传帮带,让新员工迅速与企业产生密切联系,这种方式很受新时代员工的青睐。

总之,在新人入职期间,面试官和业务部门领导要时刻关注新人,了解并挖掘新人的需求,然后尽可能满足新人的需求。只有新人的需求被满足,他们才能感到公司的温暖、真诚,才能更快地融入新的环境,适应新的工作。

改正招聘失误

招聘失误是指新人入职一段时间后,通过其表现发现新人与岗位匹配程度不高,通常体现在以下几个方面:

①新人不能胜任工作

这是比较典型的一个体现,新人入职后对工作流程、内容的掌握速度较慢,常常不能理解领导下达的指令等。

②新人的资历过高

新人的资历过高是指新人完全能胜任工作,但是因为资历较高,所以对一些简单的工作任务不以为然,这种工作态度也会影响工作效率。

③与业务不匹配

因为当初的招聘需求不明确,导致招聘的人与业务不匹配,几乎无法胜任该岗位的任何工作。

如果在新人入职不久,或者在新人的试用期间发现以上问题或者其他招聘失误的问题,那么面试官还可以及时采取相应的措施解决这问题,改正招聘失误,及时止损。

改正招聘失误的方法其实比较简单,就是根据新人的表现对其能力进行评估,然后判断是否转正。例如,新人不能胜任工作、新人的资历过高、与业务不匹配这三个问题,面试官需要对新人深入了解,找出导致问题产生的原因。

关于新人不能胜任工作的问题,如果新人不能胜任工作是因为没有提供岗前培训,那么就要为新员工提供岗前培训。培训结束后再对新人进行评估,如果新人有明显的改变,那么可以继续录用,考虑转正;如果新人没有任何改变,那么应当考虑放弃这位新人。

关于新人资历过高的问题,如果经过评估判断新人的能力的确超出岗位的要求,那么可以安排更加适合新人的岗位。换岗后要继续观察新人的表现,如果符合新岗位的要求且表现很好,可以考虑转正;如果经过评估发现新人的工作态度存在问题,那么应当考虑放弃这位新人,因为可能将他放在其他岗位也仍然是不认真的工作态度,这样只会影响工作效率。

关于新人与业务不匹配的问题,一般来说,这种情况就要及时放弃这位新人,但是一定要委婉告知其原因,不能直接说"因为我们需求不明确,所以招错人了。"这样不仅会让新人感到不满和不公,还会造成严重的负面影响。当然,也可以先看看公司有没有其他岗位与新人比较匹配,可以安排转岗。如果新人同意,且在岗位上有很优秀的表现,那么可以继续录用并考虑转正。

除了以上三个问题,遇到其他问题时可以参考上述介绍的方式解决问题,改正招聘失误。

总结来说,招聘的流程不是固定不变的,面试官要想规避招聘中的各种问题,避免招聘失误,就要不断地优化招聘流程,不断寻找合适的招聘策略和方法。只有尽可能避免招聘失误,才能为企业招聘合适的人才,为企业创造更多的价值。